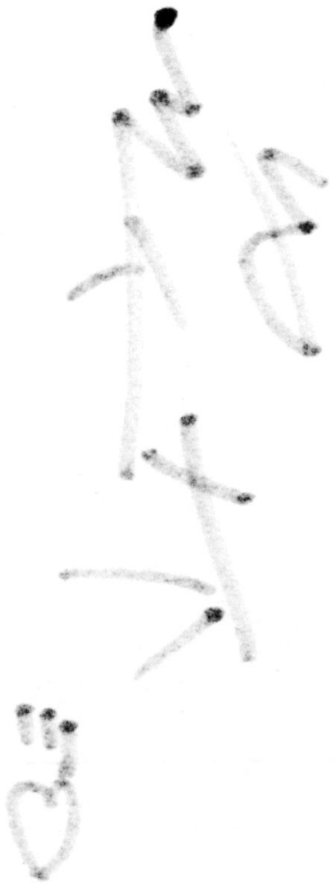

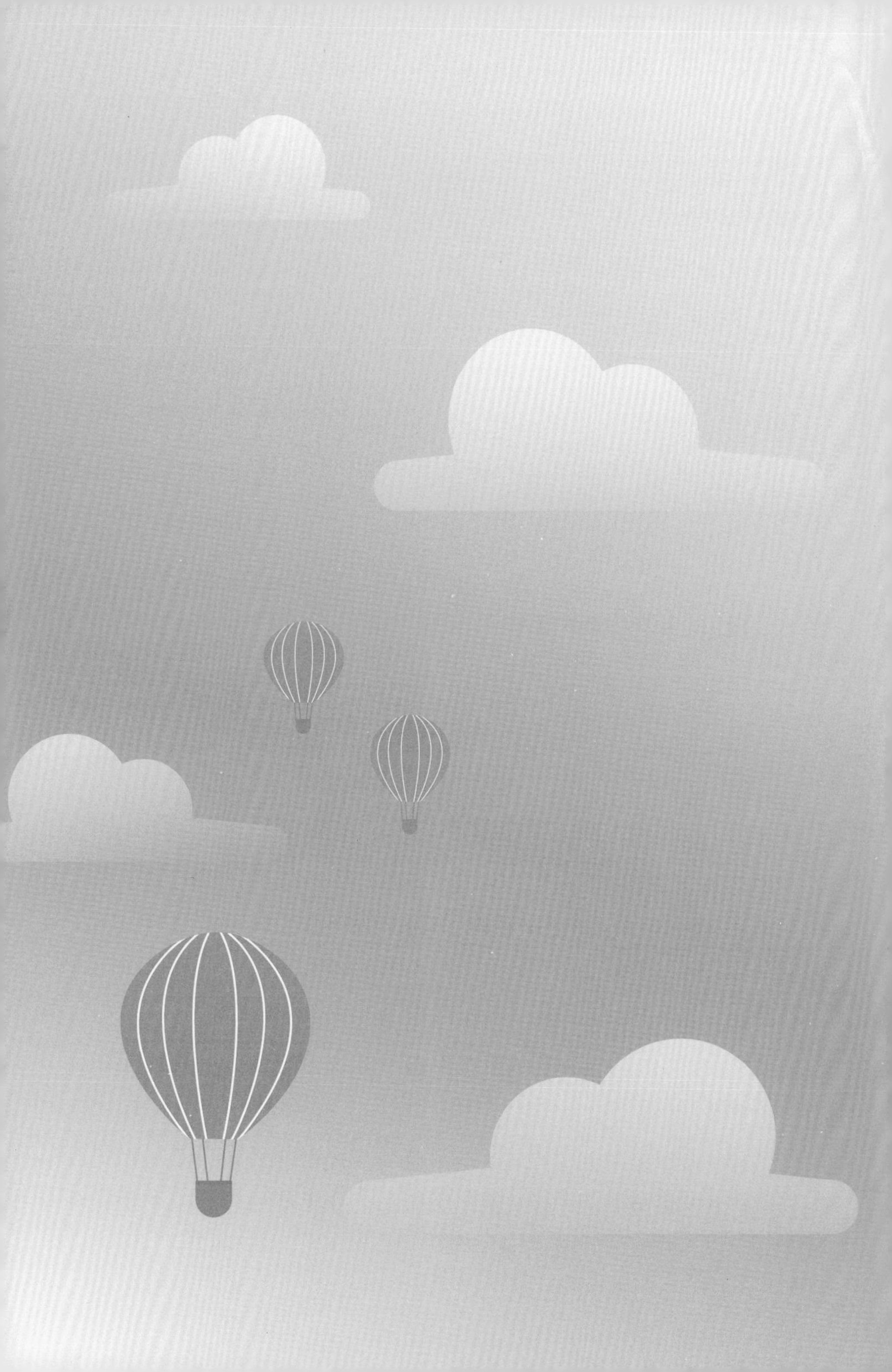

最美好的投資

36 則關鍵思維，做長期主義者，

孫太從底層翻轉人生，勾勒幸福藍圖的祕訣

孫悟天存股——孫太（粉絲團）版主

孫太 著

目錄
contents

Chapter 01
提升自我 ✦ 培養從底層翻身的自信及能力

Chapter 02

勾勒藍圖 ✦ 主動設計讓自己開心的生命輪

Chapter 03

經營關係 ✦ 學會愛之語，從心擁抱自己與家人

Chapter 04

財務規劃
✦ 可以讓人安心二、三十年的投資方法

Chapter 05

金錢價值
✦ 財商才是決定財富的關鍵字

Chapter 06

利他思維 ✦ 釋放善意融入日常，以終為始

／自序／

「瞬間」的每個你，成為此刻的自己

正準備閱讀這本書的你，我猜想你應該跟我一樣，也正在追求和思考如何達到生活與財富之間的平衡？常言道「理財就是理生活」，我原本以為很容易做到，然而離開職場後的這幾年，發現要真正落地執行卻不太容易，這些年努力在書中找答案（沒有看過上千本至少也有好幾百本的書籍），同時也上了許多相關課程，經過這幾年的實踐後，發現其中幾個最重要的觀念和工具，透過這本書與各位分享，希望幫助更多人少走彎路。

因此，我賦予這本書一個神聖的使命，就是**希望這本書能真正對讀者有實質貢獻和價值，提升生命質量，用更宏觀的角度重新定義「財富」**。

這些年陸續有好幾家出版社邀請我出書，我都沒有答應，出一本書除了耗費腦力和時間，對於已經出過幾本書的我來說，很大的原因是因為，投資理財的主題已經寫了很多也談了很多，所以沒找到讓我怦然心動的主題。

二〇二二年六月，我確診 covid-19，一個人獨自隔離在房間好幾日，腦海裡浮現許多有關這一生的種種回憶，不斷問自己還有什麼心願未了？若此刻斷氣還沒做什麼會感到遺憾？於是引發我重新思考生活、人際關係、以及對生命意義的探討。

此生，我留下什麼給家人及孩子們是最有價值的？

哪些才是真正重要的事情？

我聽到靈魂深處的召喚，內心有一股聲音不斷告訴我：**「要做出一本真正利他，幫助大家提升自己的覺察和生命質量的創作。」**我當下覺得自己擁有這樣的念頭相當荒謬，怎麼會出現這樣的癡心妄想？所以並沒有將這個念頭當真。

確診 covid-19 後的身體很虛弱，加上長達好幾個月不斷地看中醫和利用食療調理身體，所以寫新書的事，早已拋向九霄雲外，逐漸康復後，我又開始為自己安排許多進修課程，包含家庭教育的學分班以及薩提爾課程、了解空巢期父母心態如何建立，還有投資理財及許多實體課程等等，盼能尋找到內心的寧靜。

直到二〇二三年十月時，我參加《與成功有約》的線上讀書會，第二週要做墓誌銘的冥想練習，我覺察到自己時常太過用力，凡事要求完美，導致最後裹足不前的壞習慣，於是秉持著《蒙格之道》一書中提及「降低期待」的精神，透過墓誌銘的冥想的練習，讓我重新找回人生使命，於是我又想起二〇二二年六月份的那份悸動，便主動跟出版社聯繫。

如同知名作家愛瑞克在其《內在成就》書中提到：「對於任何一個領域來說，不一定要到滿分十分的知識或能力才可以教人。等級三、四分的人能教零分至兩分的初學者，通常尚無基礎的群眾人數還是最多的。有廣大的初學者，也就需要為數眾多『入門』等級的教練來施教。」

愛瑞克的這段話，深深觸動我的心，當下彷彿被雷電打到，我對自己的要求（期待）太高了，就像《原子習慣》這本書中提到的，不要跟別人比，只要每天進步零點一就足夠了。看完愛大的書，讓我更確定自己樂於當一位分享財商、生活及善知識的文字工作者。

道理人人懂，但依然遲遲沒有動筆。

幾個月後，不慎因意外骨折在家休養好幾個月，白天獨自一人在家，深刻的領悟到：「**生命不是單一面相，而是由許多『瞬間』的每個你，成為此刻的自己**，深刻感受到活在當下，依心而活以及天命真的不可違，當我真正臣服於生命，靈感湧現，進入『心流』的狀態，常常自己跳起來，坐在電腦前面靈感不斷湧現，而我只需要將這些靈感通通記錄下來，如此而已。」

書中內容的議題主要是圍繞著「如何讓自己的生命、時間、財富、個人與家庭，達到平衡，以及提升生活幸福感？」所以這本書談投資理財的章節只占一小部分。由衷期盼書中內容，能帶給我的孩子及後人，甚至社會貢獻和價值。

✧ ✧

年少時，我的生命中經歷過非常多次的失敗，當中不乏有逆轉勝的機會，所以在這本書裡跟大家分享我年少時的迷惘和失敗，還有許多陪伴我度過人生黑夜的關鍵思維，以及許多對我受益良多的人生經驗。

先簡單介紹我的出身，我來自重男輕女的傳統家庭，因為從小貧困，國小時就開始利用暑假打工幫忙分攤家計，國中畢業後開始出社會靠著半工半讀養活自己。如果你跟我一樣都沒有富爸爸，出身窮困，只要保持良善的初心，靠白手起家，即使只是個月薪三萬多塊的普通上班族，透過正確理財方式，一樣有機會透過後天的刻意練習和努力，讓自己的人生逆轉勝。如同查理．蒙格說的一句話：**「要得到自己想要的東西，最可靠的方**

式，就是讓自己配得上它」。

最後，祝福每位讀者，都能找到自己生命的意義和價值，一起從中學習、成長，並且塑造自己，接納每個面向的自己，無論是快樂還是悲傷，那些都是自己獨特而珍貴的一部分，共同構成豐富多彩的生活，正因為有這些瞬間匯聚在一起，才能形成此生獨特而豐厚的生命歷程。

謝謝你們的愛與支持，每位讀者都是我的貴人，給了我佇立在這個網路世界的勇氣。祝福每位讀者找到屬於自己的人生之道，活出自己理想的生活，從此刻起綻放出屬於你自己獨一無二的生命之花。

祝福每位讀者，都能找到自己生命的意義和價值，活出精彩豐厚的生活。圖為 2019 年我們全家一起去土耳其搭乘熱氣球看日出的照片。

Chapter 01

提升自我

培養從底層翻身的自信及能力

01

人生就是一連串逆境，每個逆境都讓我們變得更好

《蒙格之道》查理蒙格

✦・遭受背棄仍堅定前行

國中畢業那一年，有天突然接到一位不同學校且僅有一面之緣的學姊來電，希望我陪她一起去大都市找工作，後來，我們兩個都錄取了，所以便約定好一起報到，結果到了報到前一天學姊臨時反悔。

你們可以想像，這對剛滿十五歲的青少年來說，是多麼晴天霹靂的一件大事。因為從小母親教導我做人要有誠信，為了遵守承諾，我硬著頭皮帶著省吃儉用存下來的全身家當（一萬多塊），決定一個人前往大都市的餐廳報到。一來是為了信守承諾，二來我是賭上全部身家才換來這份工作機會，因此唯一的辦法，就是咬牙撐下去，我沒有退路，只能選擇勇往直前。

✦・讓生命轉彎的啟發

店長指定的工作和排班，我都盡力配合，就連大家最討厭的兩段班＊

＊兩段班：將員工一天八小時工時拆成兩個時段，例如：從上午十點上班至下午兩點，再從下午五點上班到晚上十點。

也不敢有怨言。店長看我兩段班的休息時間，常常一個人趴在休息室睡覺，便隨手拿出一本書，並告訴我：「有空可以看一下這本書，是嚴長壽的《總裁獅子心》，寫得很好。」因為文字淺顯易懂，加上也是服務業的背景，所以我就像是在看小說一樣，反覆讀了好幾遍，嚴長壽有一句話，令我印象深刻：「將別人不願意做的、不屑做的事，統統搶過來。」

嚴長壽只有高中學歷，且二十三歲從美國運通公司的傳達小弟做起，年僅三十二歲就成為亞都麗緻大飯店的總裁。我便單純的想，如果他可以做到，為什麼我不行呢？畢竟我才十五歲，有什麼理由放棄呢？於是當下便決定繼續升學並暗自發誓，將來我要成為餐廳的客人，讓這些看不起我的學長姊來服務我，希望將來也能像嚴長壽一樣，出一本屬於自己的書！

那時，為了省錢，生活一度過得十分拮据，一條大賣場的吐司我可以吃一個禮拜，沒有排班工作的時候，就往圖書館跑。當時的我，只是想靠閱讀打發時間，一來是因為圖書館有冷氣吹，書看累了有桌子可以趴著休息，二來是圖書館還有許多免費的演講可以聽，我也在無心插柳中實踐了**「閱讀是脫離貧窮、開啟世界之窗的改變力量」**的這個道路。後來，因為存到高中上學的註冊費和生活費，又順利考上國立高職的夜間部，考量學校離餐廳太遠，因此便結束那短短幾個月的餐廳打工生活。

·人生是逆境的組合，每個逆境都讓人變得更好

許多成功人士的背後，經歷了許多不為人知的辛苦，只是不足為外人道而已，我自己的人生上半場，也歷經好幾次的逆境。

回首來時路，當下或許看起來是困難重重，如今看來則是充滿感激。

感謝當年學姊邀請我陪她一起到大都市找工作（雖然她後來並未同

行），感謝當年餐廳的店長推薦我看《總裁獅子心》讓我決定繼續升學。在餐廳上兩段班的日子，下午空閒時段，我幾乎天天去圖書館報到，吹冷氣聽演講，還有看不完的好書可以免費看。

我想說的是，即便無法選擇自己的出身，但我真心覺得，每個人都能夠選擇以認真的方式去走屬於自己的路。哪怕出身低微、命運坎坷，挫折不斷，屢屢失敗，又如何？在這個世界上，沒有任何一個人是容易的，說不定那些光鮮亮麗的人們身上，正背負著許多不為人知的十字架，只是沒有公諸於世，讓你知道而已。

✦・眼前的絆腳石，是邁向幸福人生的墊腳石

橋水基金創辦人瑞・達利歐（Ray Dalio）曾說：「人們會在某個時刻，

體驗到這種感覺，你可能會失去不可或缺的事物，甚至遭受疾病或傷害，或是職涯在眼前崩解，以為人生毀了，走投無路。但只要能反省失敗經驗，從中取得進步的機會，就是『正確地失敗』（fail well）。」

因此，若此時的你也正在經歷不為人知的痛苦，那我想告訴你，不要輕言放棄，**生命中的絆腳石若順利跨越，必成為你將來邁向幸福的墊腳石。**

02

《牧羊少年奇幻之旅》

當你真心渴望某件事，整個宇宙都會幫你完成

・努力，讓整個宇宙助你一臂之力

有段時間作家黃大米在粉專分享她回家照顧生病爸爸的心情，我就像是在追連載小說，邊看邊掉淚，也想起自己跟大米同樣出生自重男輕女的家族，很能明白那種心情，最令我佩服的是大米總能在困境中找到希望，

或者值得感恩的地方。

正因為從小獲得的資源少，所以就會格外珍惜每一份小幸運，沒有退路的時候，會主動出擊打破僵局。國中畢業後，因為不願待在鄉下到餘生，所以果斷離開家鄉找工作，查理・蒙格說過一句話：**「要得到自己想要的東西，最可靠的方式，就是讓自己配得上它。」**

誠如上一篇提到的，餐廳打工對我影響最大的是，看完店長推薦的《總裁獅子心》那本書之後，成為我天天往圖書館跑的動力來源，後來甚至在因緣際會之下，自費參加一堂《設立目標》的課程，從此改變一生。

課堂上講師要每位學員都列出自己的夢想中的生活和目標，一開始大家一頭霧水，更不用說當時我對人生迷惘，毫無方向。只見現場數百名學員陸續表示自己的夢想，大多是成為一個人生勝利組，也就是成功人士的標準配備，除了香車美人，住豪宅開名車，還有擁有數不盡的財富、再不繼，至少也寫個月入百萬，開百萬名車，我看了很汗顏。

當時年僅十五歲的我，只有一個心願，那就是：**擁有一個幸福美滿的家庭**。講師及助教們在學員之間陸續走動，看大家完成的進度如何，有位助教覺得我的答案很特別，便開口詢問：「妳怎麼寫這麼少？」

我說：「從小看爸爸整日酗酒，喝醉酒就會對我們拳打腳踢，全靠媽媽一個人養家，所以從小到大最大的心願，就是能夠擁有一個幸福美滿的家庭。」

原本以為講師跟學員們聽完之後會取笑我，沒想到助教當下竟然眼眶泛淚，並給了一個溫暖的擁抱，告訴我：「**當妳真心渴望某件事，整個宇宙都會幫妳完成**，因此妳若將未來理想中伴侶的條件，寫得愈清楚，夢想實現的機率愈高。」

我還記得當下寫了幾個條件：

「我的老公很愛我、我們擁有一雙兒女、長相斯文且工作很穩定、聰明、幽默風趣、最好還能時常逗我笑，錢都給我管」。

說來也神奇，幾年後就認識了悟天，而他百分之九十符合我當年所列出的理想對象條件。事後回想這段歷程，我發現，那是因為我清楚自己要尋找的理想對象條件有哪些？若追求者未達上述所有條件，就果斷且明確的婉拒，冥冥之中似乎應驗了《牧羊少年的奇幻之旅》書中提到的**「當你真心渴望某件事，整個宇宙都會幫你完成。」**

就跟擁有中國巴菲特之稱的李錄，他當年在哥倫比亞大學唸書時的經歷一樣，有些緣分都是從誤打誤撞展開的。

某天李錄聽同學說，有個免費自助餐的講座，就去參加了。抵達現場後，同學指著臺上的演講人，說這個就是「自助餐」。因為自助餐（buffet）和巴菲特（Buffett），拼寫就差一個T，所以聽錯了，誤打誤撞之下，李錄心想這個人既然敢叫「自助餐」，肚子裡肯定得有點東西，所以就坐下來聽了。結果發現巴菲特（Buffett）主張的投資觀念：「價值投資」比免費自助餐好太多了，人生從此不同，走上價值投資之路，很多時候，我們無法事事掌控命運，但事後如同賈伯斯認為的：時刻跟著自己的直覺和好奇心走，遇到的很多東西，此後將被證明是無價之寶。

生命中的絆腳石若順利跨越，必成為你將來邁向幸福的墊腳石。

二〇二三年底，我參加一場線上讀書會，當時群組裡面的人高達九百多人，共讀《與成功有約：高效能人士的七個習慣》這本書，其中跟一位學伴的對話，讓我印象非常深刻，經對方同意，我跟大家分享部分對話內容。

學伴Cookie：「以前曾聽過孫太提過股票上漲，帳面上賺到錢的時候，裝潢跟家用品都用好了，結果股票跌了，只好都刪減費用，連嬰兒用品都拿去賣，後來又再從頭來過。關於這段我一直很有印象。」

我回應：「實在好記性，我已經很多年沒公開談這件事，往事歷歷在目，那些都是不足為外人道的往事，感謝過往的痛苦和斑斑血淚，我曾經是一位被打趴在地上的小韭菜，靠多年學習許多投資大神的正確財商觀念，最終找到適合自己的投資模式，甚至還成為一名財商作家，說來真的很感恩。深深有感，**生命中的絆腳石若順利跨越，必成為邁向幸福的墊腳石。**」

學伴Cookie：「謝謝妳，妳的這段往事，當時有鼓勵到我，後來妳提到妳去銀行工作，看銀行只借錢給有錢人，再看有錢人是怎麼投資，讓我知道應該到處看看別人是怎麼前進，才可以這樣生活。」

我告訴學伴：「很開心我當時的分享對妳有益，這是身為作家最樂見的事，唯有真心才能遇見真心，謝謝妳溫暖而真實的回饋，有妳真好。」

與學伴Cookie的這段對話，讓我想起《牧羊少年的奇幻之旅》書中這段話**「當我真實地在追尋夢想時，一路上我都會發現從未曾想像過的東西，如果當初我沒有勇氣去嘗試看來幾乎不可能的事，如今我就還只是個**

牧羊人而已。」

當年的我們，歷經人生低潮，日子真的非常艱難，誰曾想又會有如今的光景？我深刻感受到，當一個人沒有退路的追逐夢想時，一路上會發現從未曾想像過的困難，但如果當初沒有勇氣去嘗試許多看來幾乎不可能的事（閱讀、回學校進修、考金融證照、到銀行上班），那如今很有可能，我依然只是個等著被大戶收割的股市小韭菜而已，根本不可能成為財商作家，甚至達到每年擁有超過百萬現金流的人生景況。

因此，最後不忘鼓勵每位正在閱讀此書的讀者，雖然我們沒辦法決定自己的出身，但不管此刻的你遇到什麼困境，我們都可以決定此刻的想法和行動，誠如阿德勒說過的：**「只有你能創造自己，只有你能決定今後的人生。」**在此勉勵你，勇於追夢、付出行動打造屬於自己的理想生活。

03

只要你學了死亡，你就學會了活著

《最後十四堂星期二的課》米奇．艾爾邦（Mitch Albom）

✦．如果今天就是生命的盡頭，將如何選擇過這一天呢？

「只要你學了死亡，你就學會了活著。」

——《最後十四堂星期二的課》米奇．艾爾邦（Mitch Albom）

《最後十四堂星期二的課》書裡提到的主人翁墨瑞教授是米奇在大學時代最親近的教授，畢業後十幾年完全沒跟教授連絡，多年後再見面時，教授已時日無多，於是兩人相約每個星期二都要見面，米奇發現教授即使面對著死神一步一步的逼近，卻依然對生活保有熱情和幽默感，這點便開始融化他原本世故且冷漠的心。於是米奇為了籌措恩師的醫藥費，將教授傳授的人生智慧集結成冊，最後才有這本書的出版。

其中《最後十四堂星期二的課》這段對話，讓我深感動容，引用一小段跟大家分享。

教授表示：「每個人都知道自己有一天會死，但沒有人把這當真……，你要知道自己會死，並且隨時做好準備。……這樣你在活著的時候，就可以真正的比較投入。」

學生問：「你怎麼可能隨時做好死亡的準備？」

教授說：「我每天想像有隻小鳥站在我肩頭上，問著：『就是今天嗎？我準備好了嗎？我一切都準備好了嗎？我是否問心無愧？今天就是我死去的日子嗎？』事實上，**只要你學了死亡，你就學會了活著。**」

「只要你學了死亡，你就學會了活著。」這句話，讓我想到《終極假期》這部電影，電影裡的女主角喬治亞是一位胖胖的百貨公司員工，被誤診罹患絕症剩下四個禮拜的壽命，當時還不知道實情的她決定放下一切，為自己勇敢的活一次。

這部電影引起我非常大的共鳴，所以看了好幾次，每次都被感動到熱淚盈眶，若遇到難以抉擇的時候，我就會問自己**「怎麼做我的內心才會感到平安，不留下遺憾呢？」**我相信多數人若知道自己的死期，未必會選擇替公司賣命到生命的最後一刻，對吧？

《死前會後悔的二十五件事》作者是位安寧病房的醫生，在陪伴至少一千位臨終患者度過肉體煎熬的同時，選擇開始紀錄許多病人，臨終前的心情和遺憾，最後以大數據的方式，統計出最多人感到遺憾的二十五件事，其中包含**健康醫療、心理、社會生活、人際、宗教哲學、來不及對所愛的人說「謝謝」等六大面向。**

由此可見，多數人若能提早知道自己的死期，那一定會努力盡可能不留遺憾，讓自己的內心感到充實和滿足，無論是選擇與家人朋友共度時光、述說情意，或感激至親好友們一直以來的支持與陪伴，又或是是跟喬治亞一樣，散盡家財去追求自己內心真正的渴望。

生活中每個人都要扮演多種各式各樣的角色，負起相對應的責任。以我自己為例，我必須負責的角色，除了是一位母親、妻子，同時還是一名作家、學生，還有肩負社會責任的 KOL（Key Opinion Leader，關鍵意見領袖），這幾個身分，對我來說都是非常重要的角色。

然而，雖然許多書和電影都不斷在提醒我們要活在當下，卻很少告訴我們到底該怎麼做？經過這幾年的修鍊和學習，我發現，這其實是有一些方法的，並且深刻地體會到，唯有刻意練習且透過持續不斷的努力、微調、才有機會邁向愈來愈幸福且平衡的人生。

✦・脫去虛名與成就，你的人生還剩下什麼？

二〇二三年底我因為摔斷腿而在家休養，被迫取消期待許久的義大利之旅，那段時間我的心情 down 到谷底，對人生也開始有了許多反省，想起《向死而生：我修的死亡學分》這本書，作者李開復在罹癌之前，藉由自身優異的表現，在許多享譽國際的公司上班（蘋果、微軟和 Google 等），在人生最巔峰的時刻，被一場突如其來的大病打亂了人生的步伐，如日中天的事業就此停擺，開始接受一連串的治療，過程中他問自己：**「這一場大病，把我推到生命的面前，一次次的質問：脫去這些虛名與成就，你的人生還剩下些什麼？」**

過程中，李開復深刻體會到德國哲學家海德格說的：**「向死而生，當你無限接近死亡，才能深切體會生的意義。」**後來他不但出書，還拍攝「築夢者之李開復——《向死而生》」的紀錄片，只希望能藉由自身的體悟，去喚醒更多人有意識的關心自己的健康和人生。

透過上述閱讀過的書籍、看過的電影，讓我不由得感慨，很多現在過不去的心結，在死亡面前，都顯得微不足道。誠如《與成功有約》提到「以終為始」這個習慣，作者要我們時時思考：「你希望在喪禮上追述你生平的人，怎麼描述你及你的一生？你希望他們在你身上看到怎樣的品德？」

讓我深刻體悟到那才是我們心目中真正渴望的目標。

當生命即將凋零，我相信沒有人會希望自己還在辦公室繼續加班替老闆賣命到最後一刻。因此，在此希望你思考，離開人世的那一刻，你會希望獲得什麼樣的評價呢？

越南的日落小鎮，處處皆是花草美景，期盼我們的人生也能如這般美麗而精彩。

04

設定人生目標的第一步，先認識自己

✦・方向不對，努力白費

有句話說：「方向不對，努力白費」。我曾在網路上看到一則實驗，美國有兩位心理學家曾做過一個試驗，分別在兩個相同的玻璃瓶內放進五隻蜜蜂和五隻蒼蠅。之後，將玻璃瓶的底部朝向有光亮的方向，開口則朝向黑暗的方向。在這個試驗中，心理學家觀察發現，五隻蜜蜂總是在光亮方向，也就是玻璃瓶的底部尋找出口，直到最終被餓死或累死，而那五隻蒼蠅則在一分多鐘的時間內，就在黑暗方向發現了出路，迅速飛了出來。

透過這個實驗會發現，蜜蜂若死守光亮方向，堅持只在底部尋找出口，而不願轉向，可想而知結果不是餓死就是累死，反之，蒼蠅會先花時間進行探索，最終在黑暗中發現出路，順利邁向自由。

・最重要的第一步就是認識自己

因此，了解自己現階段生活中需要扮演哪些角色，是決定方向的第一步。我們從誕生的那一刻起，就開始擁有各式各樣的身分，從最初父母的孩子、男（女）孩、兄弟姊妹、孫子（女）；上學之後，多了學生身分、學校幹部等等。出社會工作，是一般職員、主管，還是自己當老闆；職業還能細分為：作家，老師，醫生，會計師等等。成家立業後成為配偶，為人父（母）親、家庭主夫（婦）、（外）祖父母等等，隨著時間跟經驗的增加，我們的身分就持續疊加且多元，也可能因當下的時空背景而改變身分（例如：喪偶）。

✦．由內在形成的自我動力

釐清自己此刻站在什麼位置，扮演什麼角色後，就需要思考該如何扮演好某個角色，並定期檢視和盤點執行結果，進而幫助自己進行微調及優化、提升生活質量。

當一個人釐清自己的各種角色之後，內在會慢慢形成「自我動力」

（self-motivated），不用別人提醒，內在就會有源源不絕的動力和動機，進而產生激勵作用，幫助自己排除萬難並能保持持續進步的動力。

在面對種種挑戰和障礙時，要能保持動力和毅力，並堅持朝著設立的目標前進，我認為要對自己的未來有個夢想藍圖，更有利於聚焦。

以我目前為例，因為已離開職場，所以生活場域主要都在家，因此扮演的角色十分單純，分別是：母親、妻子、作家、專職投資人、學生，或許我的種種身分在有些人的眼中，僅僅只是一名「家庭主婦」，但**別人如何定義，並不重要，最重要是你如何定義你自己。**

如何定義你自己？你擁有哪些角色呢？

準備一枝筆，找個安靜的地方，思考現實生活中，到底擁有哪些身分呢？

以下簡單列出幾個選項，可直接將符合現況的角色圈起來。

例如：我是一個（　　　）

丈夫、妻子、兄弟姊妹、學生、父（母）親、員工、下屬、主管、領導者、教練、家庭主婦、公司負責人、作家、志工等等⋯。

你可以在空白處，依實際情況填入目前你所擁有的角色。以及你認為自己扮演的角色，需要擁有什麼特質呢？

範例

我是一個（妻子），（丈夫的好幫手。）

我是一個（母親），（孩子的榜樣。）

我是一名（作家），（解決問題的專家。）

現在換你填上自己的角色以及需要的特質囉！

我是一個（　　），（　　）

我是一個（　　），（　　）

我是一個（　　），（　　）

在人生的每個階段，我們都有不同的任務和義務，若能提早清楚知道自己扮演哪些角色和需負的責任，那麼就能快速對焦自己的人生，如同《走吧！去做你真正渴望的事》，作者認為，**人生中最重要的事其實就是你的價值觀**，幫助你篩選生活中的訊息，決定你成為什麼樣的人，以及過著什麼樣的生活。

書中提及的「價值觀清單」，一共列出了七十五個價值觀，其中包括愛、友誼、自由、學習、影響他人、歡笑等，清晰的價值觀，有利於跳脫慣性思維，人的一生終其一生航向屬於自己的航道，當你心中有了定見，做任何事情和決策之前，就不容易隨波逐流，有興趣的人可自行找書來看，擁有正確的「價值觀」會像羅盤一樣，幫助我們聚焦，即便遇到亂流，也不致偏離軌道太多，並且會快速修正，並回到屬於你自己的航道上。

由此可見，每一個人都要先釐清自己腦袋裡的價值觀，經過反覆練習和提醒，**才有機會慢慢的將價值觀深刻烙印在腦中。**，最終成為反應的本能，進而達到自動化。

05

最值得的投資，是累積家庭回憶存摺

✦・親戚告別式帶來的震撼

有一回悟天參加完一位親戚的告別式，親戚離世時年約四十歲，孩子還在念小學，喪禮上播放著全家人到世界各地旅行的影片及照片，照片裡的一家人，笑得如此燦爛，這些是他留給孩子們最珍貴的禮物。

這件事帶給悟天極大的震撼，因為當時我們孩子的年紀也差不多，小寶剛上幼兒園，大寶剛上小學。喪禮回家後，悟天便找我商量，既然我們沒辦法決定生命的長度，何不選擇有生之年，效仿親戚在孩子十八歲之前，盡可能帶孩子到世界各地去走走，留下珍貴的回憶。

當年我們夫妻倆有共識並約定好，每年都要帶孩子到世界各地旅行並留下美好的回憶，便一直履約至今，每年一定都帶孩子們出國，除了因疫情被迫中斷外，截至目前為止已經帶孩子們去過十幾個國家。當時我們的經濟並不寬裕，那為什麼我會支持悟天的提議呢？因為我非常清楚自己的目標是「擁有一個幸福美滿的家庭」，所以在我個人的「價值觀清單」當中，「家人」對我來說比金錢更重要。

✦・人生不能重來，愛要及時說出口

我想說的是，人生短短數十載不能重來，意外跟明天哪一個先來還不知道，因此，**愛真的要及時說出口**，既然沒有人能精準預知自己生命的長短，所以我們唯一可以控制的，是要如何過這一生？如何提升自己人生品質？若不想留下遺憾？那該如何做呢？我認為，愛一個人不但要及時說出口，甚至還要用行動來表示。

最值得的投資，是建立回憶和關係

二〇一九年，我們夫妻決定暑假帶全家人一起去土耳其搭熱氣球。長輩在得知一家四口，短短十幾天的土耳其旅費將近三十萬，除了表示不太能理解，並極力好言相勸：「小孩還小，將來花錢的地方多的是，你們平日裡省吃儉用，怎麼不把這些錢存下，這樣不是更好嗎？妳沒有辦法阻止老公把錢砸在旅行上面，身為妻子，妳是這樣持家的嗎？」。

當時我一個月的薪水是三萬多，包含年終獎金，一整年的薪水不到五十萬，一趟土耳其幾乎就花掉我將近十個月的薪水。三十萬確實不是小數目，我曾經為此感到猶豫，並將長輩的這一番話轉述給老公聽。

最後，由老公出面去找長輩溝通：「我太太平常都很勤儉持家，家中的每一筆開銷都會編列預算，平日裡縮衣節食，就是為了帶小孩出國看看外面的世界，這也是我們夫妻倆最大的心願。」

就這樣，土耳其熱氣球之旅，如願成行。

抵達土耳其，要去搭熱氣球的前一晚，我們入住卡帕多奇亞的飯店，導遊說：「至少要住兩晚，因為天氣無法預測，熱氣球沒有天天飛，因此，入住兩晚，增加搭熱氣球的機會。」

搭乘熱氣球的第一天，全團的人凌晨三點半在飯店大廳集合（因為天氣不等人，逾時不候），帶著忐忑不安的心，搭乘小巴士前往熱氣球升空的地方。卡帕多奇亞的早晨真的很冷，導遊說：「即便到現場，熱氣球能否升空還得看老天臉色，因為安全考量，所以當天的風速、風向及中、高層海拔氣流，都有嚴格的規定，都必須符合標準，才有機會飛。」

所有人都向天祈禱，無論是耶穌基督、還是釋迦摩尼佛，就連真主阿拉（多數土耳人的信仰）也有，全車團員都一致祈禱，期盼熱氣球能夠升空。

當我們被告知可以搭乘到熱氣球時，每個人興奮地踩著熱氣球上面的小鋁梯爬入吊籃，當熱氣球慢慢離開地面，無論大人還是小孩，每個人都激動的忍不住歡呼。

特殊的地理地形，包括岩石柱、洞穴和山谷，全部一覽無遺，趁太陽還沒出來，趕緊飛到一定的高度，我們在熱氣球上空，停留片刻，當看到太陽從雲層中漸漸展露，斜射出一道黃金色的光芒，讓現場所有人感動到無法言喻。

降落的時候，因為風愈來愈大，導致我們的熱氣球被拖行好幾公尺，才順利降落，每位乘客最後以狗爬式從熱氣球爬出來，然後開香檳慶祝以及領搭熱氣球的證書。後來導遊跑來跟我們會合時，說：「今天風真的有點不穩定，你們運氣真好，安排在你們下一梯次的熱氣球，全部都被取消不能飛了！」

結束土耳其之旅，隔年便遇到疫情，導致好幾年無法出國。因此，回頭想想，當時帶孩子們去土耳其搭熱氣球，是非常正確的決定。旅行和教育這兩項，是我們家中最大的花費，我真心覺得將金錢花在增加人生體驗，是最值得的投資。

旅途中發生許多難忘的事，無論開心或難過都有，那些都是再多錢都買不到的寶貴回憶。因此，金錢固然重要，但比起一味的賺錢、存錢，好好地生活、體驗人生、適度犒賞自己與家人，累積美好且終身難忘的回憶存摺，更是無價。

熱氣球之旅後沒多久便碰上疫情，很慶幸旅途有如期成行，也累積了無價的回憶。

06

金錢只是工具，而非生活的唯一目的

✦ · 真正的財富自由

每隔一段時間，就會看到網友們在討論財富自由，我認為每個人對財富自由的想像都不太一樣，因此釐清自己對「金錢」以及「財富自由」的定義就顯得十分重要。就好比今天要出國旅行，也得先決定要去哪個國家，才不會搭錯飛機搞錯目的地，不是嗎？

✦・先簡單區分財富自由跟財務自由的差異

財富自由的英文稱作「Financial Freedom」，財富自由的定義，**「一個人在經濟上獨立和自主的狀態。」**然而，每個人物質需求都不太一樣，因此後來衍生退而求其次的選擇：財務自由（亦被稱為財務獨立），英文為「Financial Independence」，很多人容易將「財務」自由和「財富」自由搞混，實際上兩者是有一些差別的。

簡單做個總結，那就是財富自由，花費是毋需節制的，隨時想買一棟幾千萬的房子都沒問題，而財務自由則代表花費是必須有所節制的。

美國財務策劃師 David Rae 將財務自由的八個層次，幫助大家更多的理解這個概念。

分別是：①脫離月光族、②毋懼放長假、③享受生活且能儲蓄、④有選擇工作與否的自由、⑤退休後維持基本生活、⑥保持退休前的生活質素、⑦擁有自己理想的優質退休生活、⑧有花不完的錢，你是屬於哪個位階呢？

以我個人來說，至少要達到第五層次，也就是「退休後維持基本生活」的經濟實力，這樣的退休生活還會比較自在一些，以我目前現實生活當中，發現很多比我有錢的朋友，即便早就達到第七種，卻依舊不斷追逐越來越高的財務目標，最初設立三千萬，達標時又提高目標變五千萬，如同滾圈上的老鼠，一直不斷地設立新目標，達標後又拉高目標。

我離開職場這些年，投資理財帶來每年的現金流，從七十萬變成現在的二百多萬，我的消費習慣並沒有為此就改變特別多，尤其像我們這種靠省吃儉用起家的存股族，骨子裡早已不會大手大腳的花錢！如今要突然改變，深刻體認到一件事，那就是：

「沒有充分渴望和決心改變現狀，即使中樂透也不會變。」

由此可見，不管你的財務目標是「財富自由」還是「財務自由」，我認為最重要的關鍵點都應該是「自由」。

你認為最寶貴的財富是什麼？

準備一枝筆，找個安靜的地方，思考到底什麼是你認為最寶貴的財富呢？

如果暫時沒想到，也是很正常的。

範例

我是____孫太____，對我來說，「財富自由」的定義是：身心靈健康且時間跟金錢自由，擁有隨時說走就走的自由，看到想吃的東西和想買的物品都不用看價格。

換你寫下你的定義囉。

我是＿＿＿＿＿＿，對我來說，「財富自由」的定義是：

Chapter 02

勾勒藍圖

主動設計讓自己開心的生命輪

01

沒有了生命，時間、金錢、健康都是空談

「我想用我的青春換取您的全部財富，您會換嗎？」

我曾在一個綜藝節目裡，看到有位觀眾向一位大企業創辦人提出這個問題，只見企業家毫不猶豫的回答：「當然，換，財富有什麼用，財富沒有了可以再賺，青春過去就不再回來了。」

這個社會主流價值觀都認為金錢與時間是最寶貴的資源，時間就是金錢，時間這一秒過了就無法再追回。許多人終其一生燃燒生命努力賺錢，猛一回頭，才發現自己青春與健康不再，錯失了許多體驗人生的機會。因此，**我認為人生最基本要擁有的三個要素，分別是「時間、健康、金錢」**，這三項缺一不可，因為每一項都是幫助我們實現圓滿人生的支持和基礎。

以前我年紀尚小，迫不及待想快快長大，當時會覺得金錢最重要。

而如今，已過不惑之年，若你問我「時間、健康、金錢，哪個最重要？」我會覺得「時間、健康、金錢」，都很重要。

✦・沒有生命，時間、金錢、健康都是空談

生命如此寶貴，但若像電影《逆轉人生》裡的主人翁菲利普，擁有家財萬貫卻因一場意外，導致終生癱瘓生活無法自理，為此需僱用私人看護打點生活。即便他擁有許多財富，但諸事都得依賴別人完成，毫無隱私的生活讓他覺得自尊被踐踏，試問這樣的人生快活嗎？更不用提多數長年臥床的病人，生命面臨更多挑戰。包括身體上的限制、社交隔離、情緒困擾等。

所以說，金錢與時間固然重要，但倘若失去生命力，只能當一個整日臥床的病人，擁有再多的時間跟金錢，又有何用呢？沒有了生命力，時間，金錢，健康都是空談，由此可見，生命力對我們來說，是最重要的。

我後來之所以離開職場，是因為娘家媽媽要動膝蓋手術，術後要復健

好幾個月，因母親當時體重過胖，為了術後傷口修復及復健，醫生下令要媽媽減肥。那一年多來的復健過程耗時也耗力，讓我深刻體認到「健康生命力」的重要性！更讓我更加堅定，父母親送給孩子最好的禮物，除了穩定的情緒，最重要的就是「健康生命力」，照顧好自己，讓孩子心無旁騖的打拼事業。

02

人生如同一個圓，每個面向都要兼顧

《檯面下我是這樣投資》這本書收錄了包含《致富心態》作者摩根・豪瑟（Morgan Housel）等二十五位理財專家私下的投資方式，將他們自身財務與投資狀況，像是投資組合以及為什麼這樣投資布局的思維盡數公開，因為喬許・布朗（Josh Brown）跟布萊恩・波提諾（Brian Portnoy）這兩位作者認為，比起知道「如何」管理投資組合，他認為更重要的是理財專家「為什麼」這麼做？

而這本書在台灣上市之前，出版社邀請多位知名理財達人分享自己的投資理念和投資組合，很榮幸的是，孫太剛好也有被邀請，和這書中二十五位專家一樣，以**「如果用自己的錢，我會這樣思考投資」**的核心觀念分享自己的觀點。

當時看完新書稿件之後，我跟出版社分享一個故事。

「有一次，可口可樂的前總裁布萊恩．戴森（Brian Dyson）說了一段有關工作與生活中其他事物間關係的話：『想像生活是一場比賽，你必須同時丟接五顆球，這五顆球分別是：工作、家庭、健康、朋友以及精神生活，然而你不可讓任何一顆球落地。你很快就會發現工作是一顆橡皮球，如果它掉下來，它會再彈回去，而其它四顆球：家庭、健康、朋友以及精神生活是玻璃製成的，如果你讓這四顆球其中任何一個落下來，它們會磨損、受損，甚至會粉碎，而且一旦落下，它們將不再和以前一樣。』」

✦ • 「如果用自己的錢，我會這樣思考投資」

對我來說人生如同一個圓，投資理財只是生活中的一小塊，**每個面向都要兼顧，才能取得平衡。**所以我將每個重要的部分，就像是切披薩的概念一樣，平均分成八至十份，而這每一塊披薩，各自代表生活的不同面向，例如：個人成長、自我實現、職涯發展、財務（投資理財）、個人健康、家庭生活、休閒娛樂、朋友及重要他人，這幾個對我來說，是非常重要的人生維度。所以說，財務（投資理財），只占其中的一小部分。

平衡輪是我個人多年來的使用工具，幫助我看清生命的全貌，了解現狀，設定可達成的目標，制定行動計劃，減去現在與未來之間的落差。

範例

【我是 孫太 】

平衡輪模組

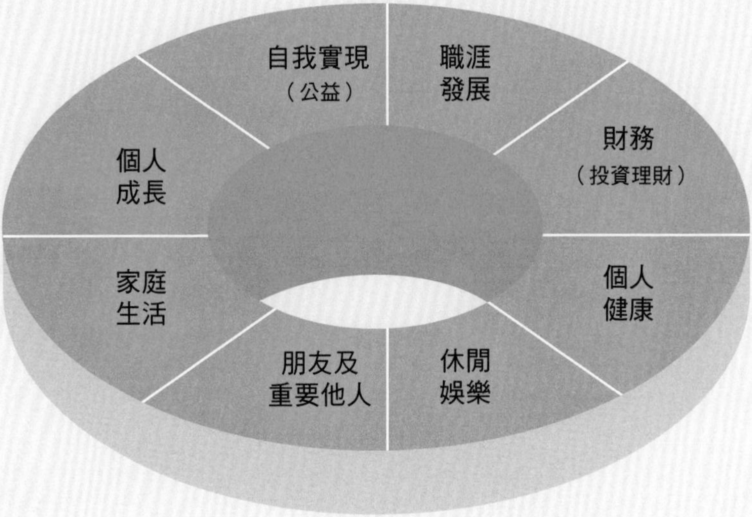

上頁圖，是當時出版社依據我的想法，所繪製的平衡輪。

多年前，我上了一堂「打造立體夢想」的課程，授課的余晴菲老師分享一個幫助自己打造理想生活（夢想）的教練工具，稱之為「生命之花——平衡輪」或人生系統平衡輪，這本書我將其簡稱「平衡輪」。課堂上，讓我印象最深刻的是晴菲老師說過的這段話：**「清晰的夢想是有力量的，要相信，任何問題都有四種以上的解決辦法」**。這段話一直深深影響著我到如今，第一次聽到這句話的當下，我覺得自己的腦袋被五雷轟頂，深刻體認到擁有清晰的夢想，對於幫助自己達到「工作與生活平衡」，是如此重要的一件事。

每當遇到困難時，我就會想起晴菲老師告訴我的這段話**「要相信，任何問題都有四種以上的解決辦法」**，然後等情緒平復之後，重新站起來冷靜思考，還有什麼解決方案，解決完問題之後繼續邁進。

現在換你寫下屬於你自己人生系統維持平衡的元素囉！

It's your turn!

【 我是 】

平衡輪模組

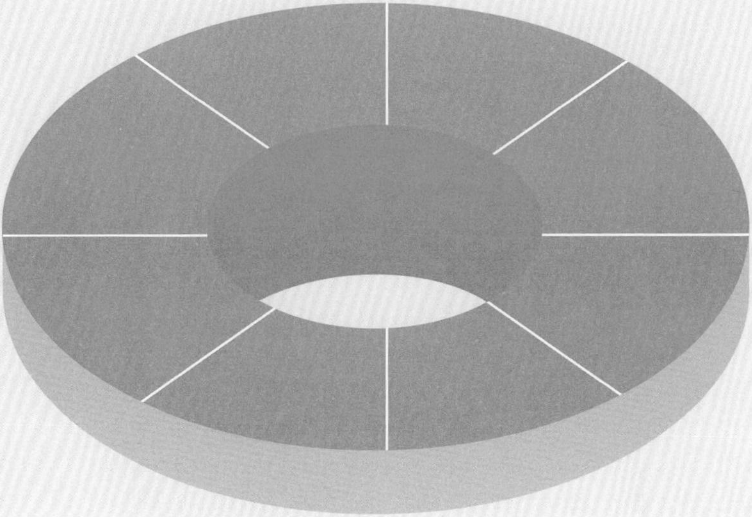

✦・認真工作認真玩，讓身心靈平衡

有位粉絲曾提問：「我也是個媽媽，在瑣碎的時間中，如何在家庭與自我中找到平衡點？同時還能提升自己呢？謝謝。」

我的答案是「work hard,play hard,follow your heart.」認真工作也要認真玩，盡情的活在當下，凡事懂得分別為聖，先讓自己成為一位開心的人，才不會讓身心靈失衡，在此分享自己平日常用的做法，提供大家參考（非常歡迎大家跟我分享你的獨家好方法）。

①每天把時間投資在自己感興趣的熱情所在（人事物），玩的時候開心玩。

②每天定期覺察自己今天的心情和內在狀態，幸福感有無提升？如果有，就繼續保持好的生活態度和方式，如果沒有，就思考如何提升？

③每天留獨處時間給自己（me time），可以是早晨孩子們還在睡的時間或全家人出門上班上學後，家裡靜悄悄，一個人獨處，泡一壺熱茶，找一本好書閱讀。

④睡前反思並回顧今天一整天發生什麼令人開心、值得感恩的事情。用俯瞰的角度回顧一整天，記錄當天重要行程和心情的感恩日記。

⑤給予適度的彈性。每個人都有軟弱疲憊、身體不舒服的時候，那就利用白天吃飯時間或睡前補上當天的進度，或者提早趕完閱讀進度。

⑥重要不緊急的事情要列入例行公事，例如：運動。大家都知道運動很重要，但每天堅持執行並不容易，那就列入每日的例行公事，重點在於要懂得「勞逸結合」，就是把不開心或者無趣的行程，和開心有趣的事情做連結。比方說，散步運動就跟遛狗做結合，讓無聊甚至有點痛苦的「運動」變得有趣。

⑦降低任務的門檻，讓自己覺得做得到。例如：一開始沒有閱讀或運動的習慣，就從一天閱讀、運動五分鐘當起手式。

最好是從閱讀自己感興趣的主題開始，問看看自己最近遇到什麼困難，例如：親子教養、親子財商、夫妻溝通、工作升遷、情緒管理、專業技能等，聚焦在某個主題單點突破。

最後引用《內在原力》，我很喜歡的這段話做結尾：**「人世間的相遇，都是久別重逢。人生沒有奇蹟，只有不斷累積，生命是持續而不曾間斷累積的過程。」**

邀請你一起思考：**「如果用自己的時間，你會怎樣思考人生」**？

投資自己，並持續追求身心靈的和諧，才能創造出充實而平衡的人生。

03

升高自己的立足點，由上而下俯視地面

余晴菲老師是我生命中非常重要的貴人，因為即使在「打造立體夢想」課程結束後，只要我遇到困難和迷惘，仍會私下跟老師請教，她對我的人生產生極大的影響，秉持著老師的那份大愛，我決定延續那份愛，透過此書，讓更多人知道這個幫助孫太邁向幸福人生的教練工具。

美國激勵大師保羅・梅爾（Paul J Meyer）創造出「生命之花——平衡輪」這項教練工具，被廣泛的應用於商業和個人激勵，是一款市面上十分常見的教練工具。車輪本身就是一個強大而古老的象徵，代表著運動、生命的循環、變化，引導我們生活的機會、平衡、維持等等。

《斷捨離》作者山下英子在《俯瞰力》書中表示：「人生很多時候，客觀的事物本身並沒有變，但是，當你調整自己的視角，很多事物的意義就會不一樣，就**如同你搭著飛機，升高自己的立足點，由上而下俯視地面，切換不同距離，眼前的事物就會有所不同。**如果你學習用遠距離鏡頭去看人生，你就會發現，自己眼下正糾結的很多事，放在人生的長河裡，根本不足掛齒！」

因此，廣義的來說，就是將自己生活中的每個面向羅列出來，你就會知道，打拼事業認真工作確實重要，但是，若直到生命的最後一刻，斷氣之前還在工作的人生結局，是你要的嗎？

誠如我在上個章節的問題**「如果用自己的錢，我會這樣思考投資」**，將目前的高度拉高至直升機的視角，進而以更高的視野，來俯瞰自己目前對生活的滿意程度，例如：健康、財務和人際關係——就能幫助自己能夠親眼看到自己生活中哪些方面感覺良好，哪些方面需要再付出多一些的努力？

當我們提高自身覺察力，就會幫助自己更快下決定，並做出與現在不一樣的選擇，進而重新分配時間和精力，藉此獲得更滿意的生活。每個人的人生都是獨一無二的，對某些人來說可能是令人滿意或平衡的事情，對另一些人來說可能是壓力或無聊。

《走吧！去做你真正渴望的事》中，我深深被作者說的以下這段話觸動：「**人生中最重要的事其實就是你的價值觀**，幫助你篩選生活中的訊息，決定你成為什麼樣的人，以及過著什麼樣的生活。」

✦・我的個人價值平衡輪

有鑑於此，我當下靈光乍現，將「價值觀」跟「生命之花——平衡輪」兩者做結合，任何一個項目都有一個核心思想，以良善為出發點，有利於聚焦藉此幫助自己生活與工作、家庭，並幫助自己邁向愈來愈平衡的狀態。

範例

【我是 孫太 】

價值平衡輪

價值觀：利他
良善知識的傳遞
職涯
發展
財務
（投資理財）
價值觀：穩定
所得替代率 200%
朋友及
重要他人
價值觀：健康的關係
相互提攜的良師
益友
家庭
生活
價值觀：尊重、界線
相互尊重且充滿歡笑聲的家
庭氣氛並以對方喜歡的方式
跟他人相處

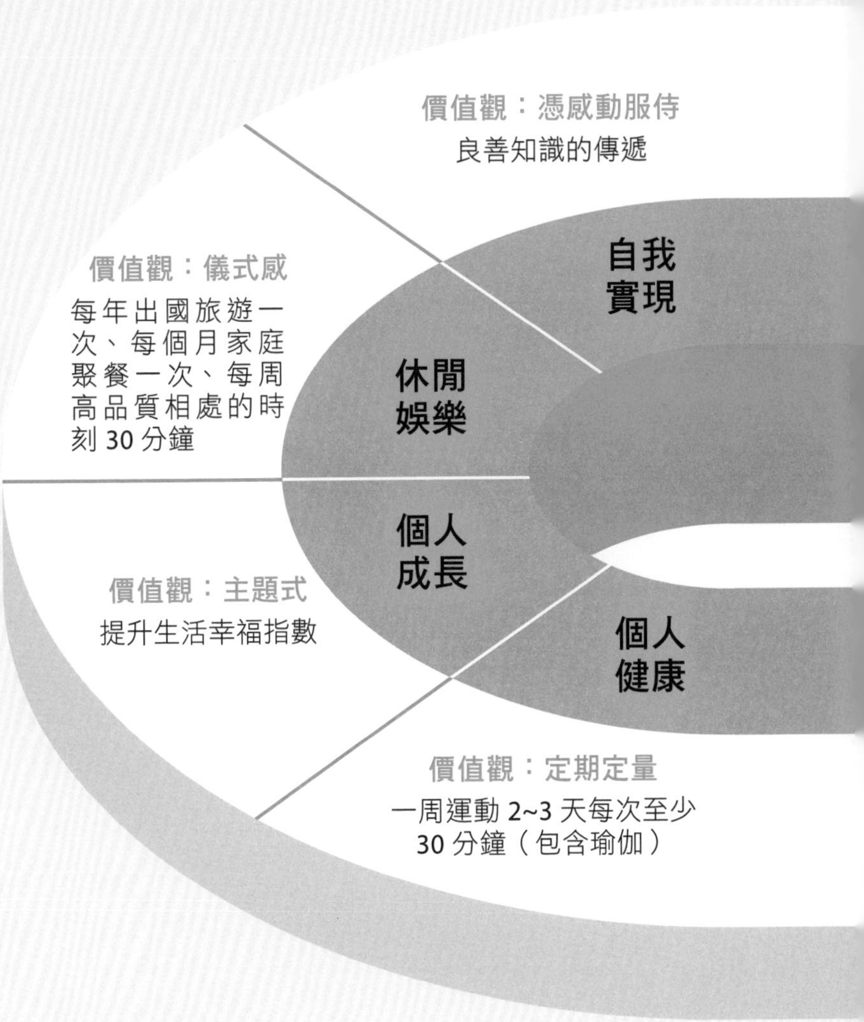
價值觀：憑感動服侍
良善知識的傳遞
自我
實現
價值觀：儀式感
每年出國旅遊一次、每個月家庭聚餐一次、每周高品質相處的時刻 30 分鐘
休閒
娛樂
個人
成長
價值觀：主題式
提升生活幸福指數
個人
健康
價值觀：定期定量
一周運動 2~3 天每次至少 30 分鐘（包含瑜伽）

It's your turn!

【我是　　　　】

價值平衡輪

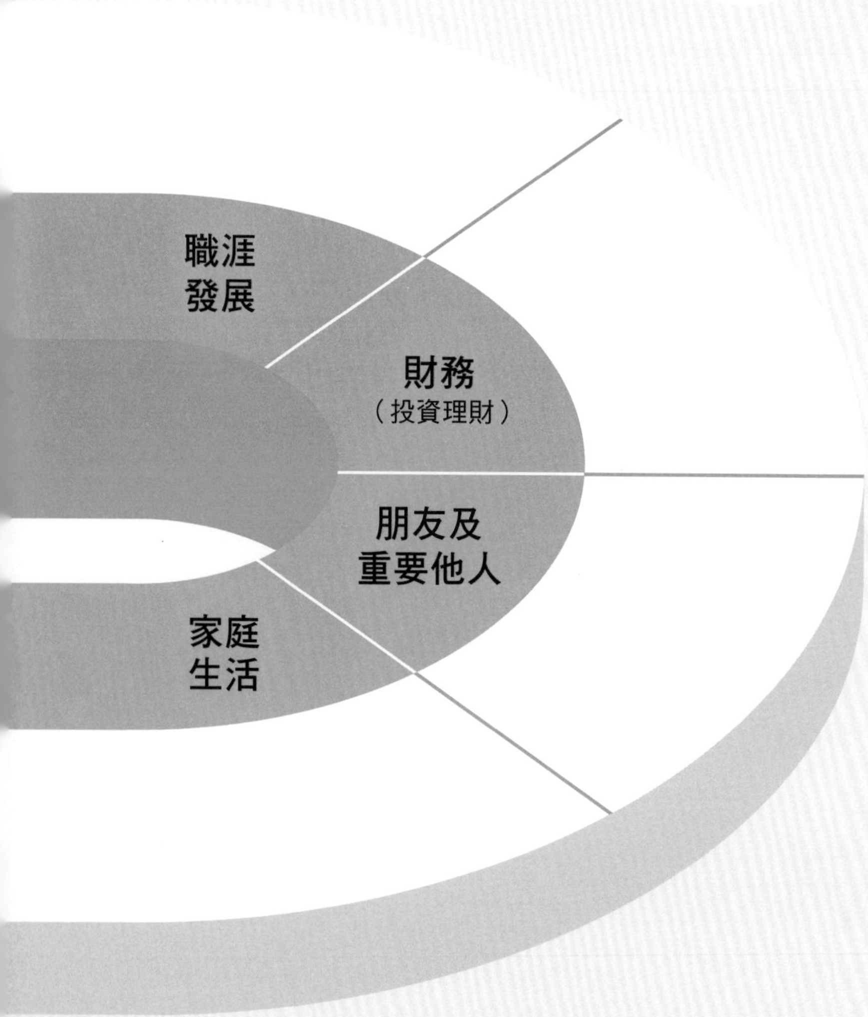

試試看！ 寫下你的個人價值平衡輪。邀請你先在圖的上方，寫下你的名字，並將你個人「價值觀」裡面所寫的選項，以對應的方式填入表中：

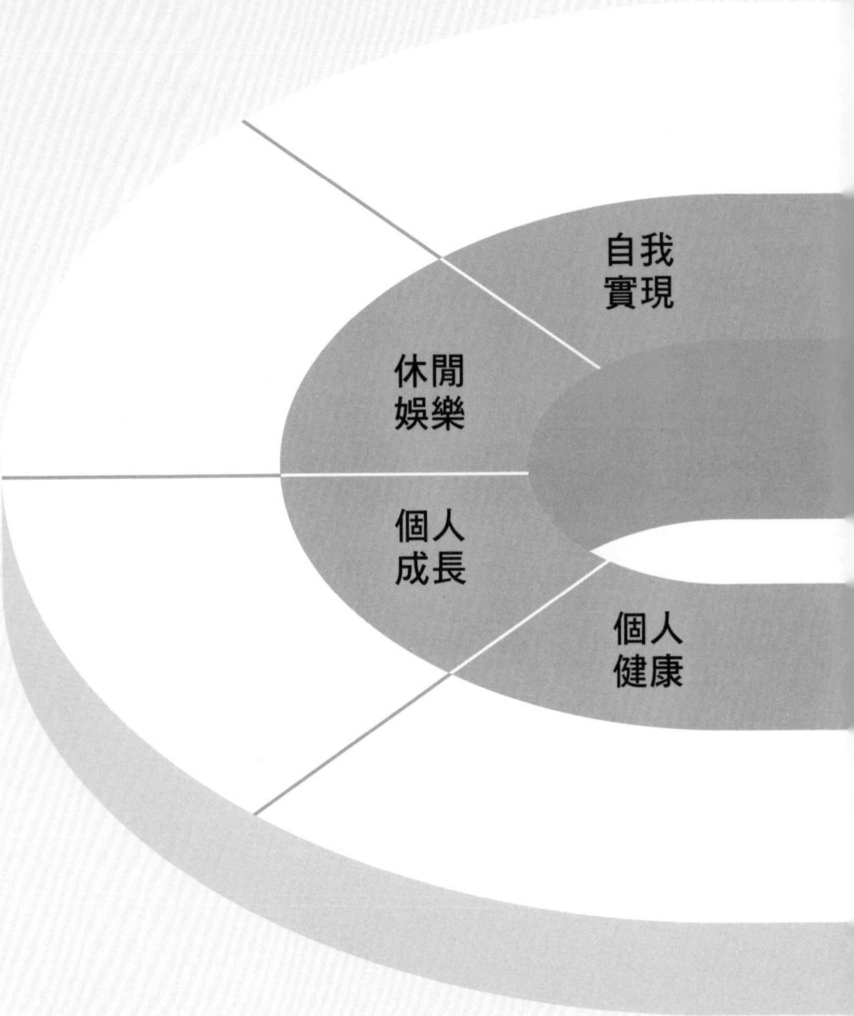

04

勾勒出屬於自己
獨一無二的幸福藍圖

生活和人生各個面向如何取得平衡？是許多人愈來愈重視的話題，同時也是一門學問，我認為，一個人需要誠實檢視自己的人生，是處於平衡還是還是失衡的狀態？透過「價值觀清單」跟「生命之花——平衡輪」結合的表格，能幫助我們覺察自己對現在的生活型態以及人際關係是否滿意，倘若某個範疇得分過低，那就是一個警訊，提醒自己重新調整，進行

範例

【我是 孫太 】

人生金字塔

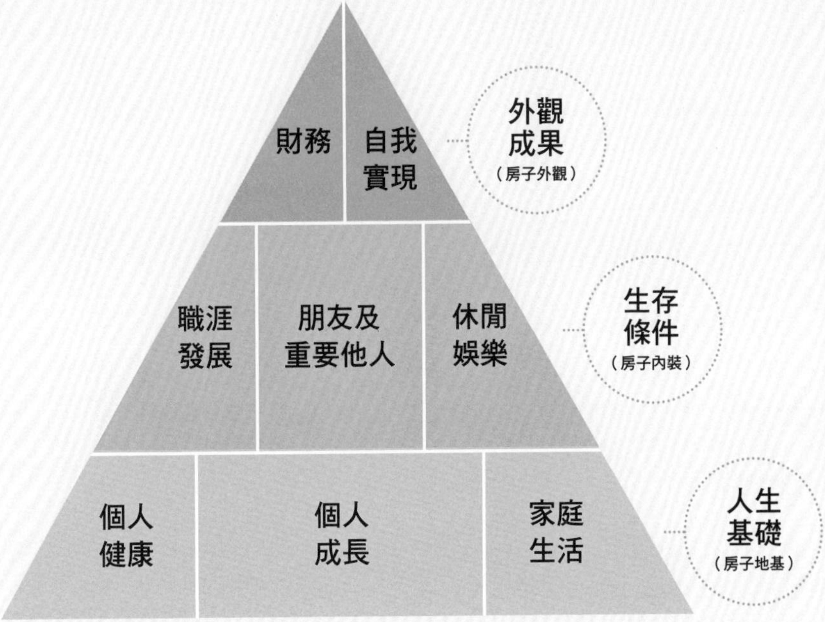

滾動式的微調。

這裡要先談論一個最重要的核心觀念，是先分清楚事情的重要次序，每個人都有自己的優先順序。以我個人為例，看到長輩這幾年動了好幾次手術，讓我深刻感受到健康的重要性，人生如同蓋房子，地基要穩固，才有利於永續發展，若沒了健康（地基不牢固），即便理想抱負再大，也很可能變得心有餘而力不足，甚至跟我年輕時一樣，犧牲健康去成就事業，導致現在身體虛弱，還需要靠中醫和食補及運動慢慢將年輕時揮霍的健康，慢慢找回來，重點是花了加倍努力，修復速度還是偏慢。

現在換你羅列自己的人生金字塔囉。

It's your turn!

【我是　　　　　　】

人生金字塔

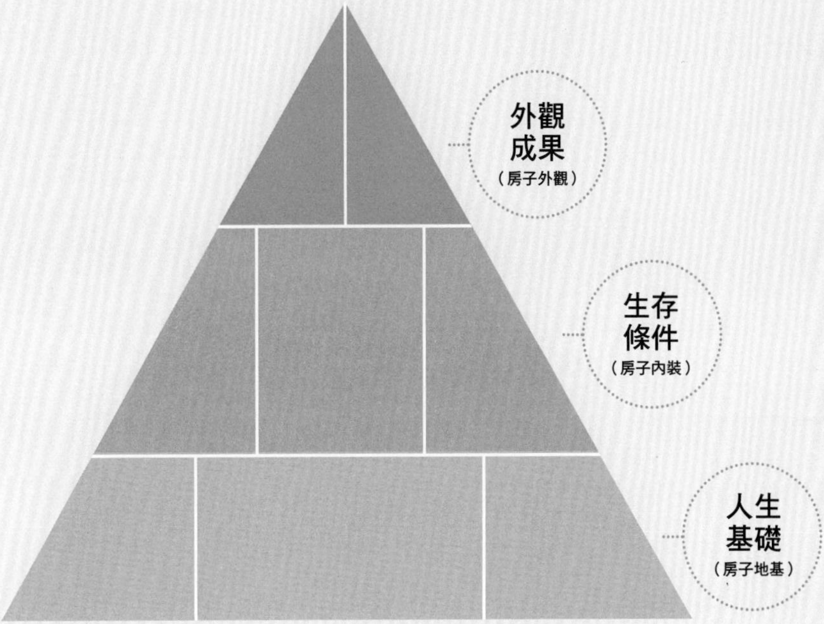

05

檢視自己的生活狀態

多年來，我一直使用當年上課時，晴菲老師教我的平衡輪八個象限，而這本書中的所有案例都是以我個人的想法提供大家做參考的範例。

請各位自行定義自己的人生，現在，我想要邀請大家幫自己的人生各個面向打分數。這個分數是由你自己定義，不需顧慮他人的想法，並邀請你每隔一段時間再重新做一次，重新檢視分數的差異，藉此幫助自己更加客觀地用俯瞰的角度，去思考自己目前的人生是否達到平衡。

如果分數愈相近，表示你的生活愈平衡，反之，若分數落差愈大，就代表生活有失去平衡的傾向。如何去勾勒出自己的幸福藍圖呢？每個領域的滿意度一至十分，愈高分愈滿意，請依你的直覺為自己八個重要的人生領域打分。

孫太目前的生活型態如下圖：

- 個人健康（包含身體、心理）：6分
- 個人成長（知識、眼界、心靈等）：7分
- 家庭生活（父母、另一半、孩子）：8分
- 職涯發展：9分
- 財務（現況及規劃）：9分

● 孫太目前的生活型態 ●

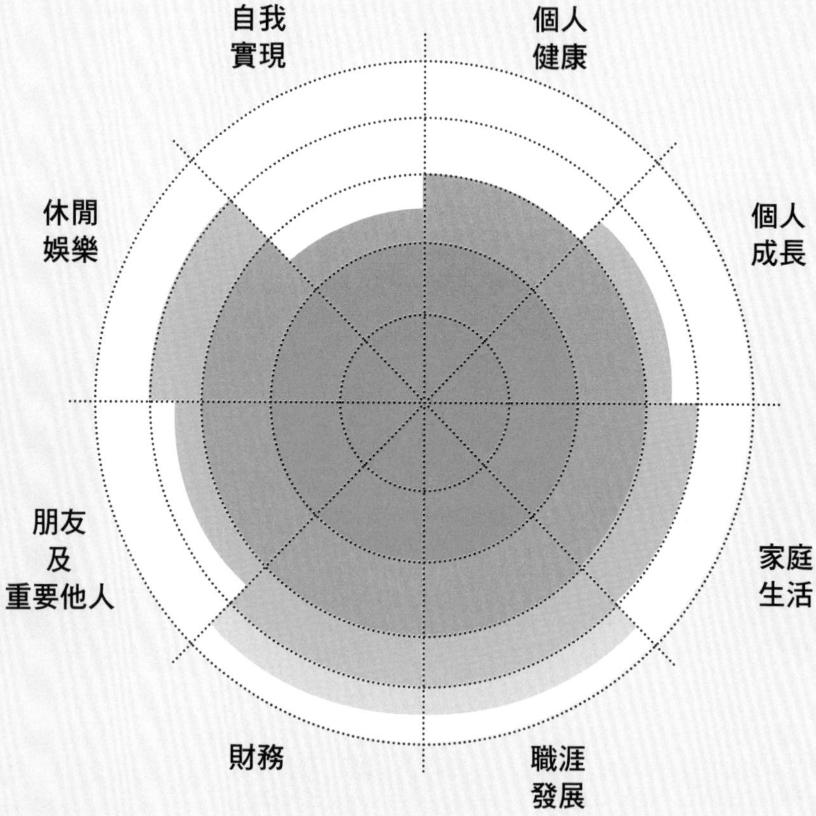

註：半格為 **1** 分，一格為 **2** 分。

- 朋友及重要他人（社交、朋友圈）：7分
- 休閒娛樂（主動或被動休息、儀式感）：8分
- 自我實現（能帶來成就感）：5分

從此圖可以以非常直觀的角度，看到我目前給現在生活狀態打的分數每個項目的分數，以及我目前最迫切要改變及提升的領域，分別是個人健康及自我實現這兩個領域。

✦・讓你的夢想視覺化

我相信到目前為止，你對自己的人生應該有初步的想法，也了解到平衡輪的八大面向：健康、工作、財務、家庭、社會、人際、學習與休閒等需要取得平衡，人生才更加趨近圓滿。

每到年底，我除了理性分析自己今年哪個領域做的不夠理想，同時，還會製作「曼陀羅九宮格」的夢想版藍圖，來幫助自己設定和優化明年的目標。如果你跟我一樣是偏好資料視覺化，那我非常建議你也這麼做。我還會設定成為手機桌面，每次只要拿起手機，就會時刻提醒自己：動起來！為了自己的幸福，我還可以做點什麼？

利用俯瞰的角度，藉此反推自己需要做出哪些行動？除了符合人生價值觀，還能幫助自己打造更加理想的生活型態。書寫的順序，請參考 P.85「以俯瞰的方式，勾勒出屬於自己獨一無二的幸福藍圖」，先由地基開始設立目標（我習慣以逆時鐘的順序書寫）。

✦・設定目標，幫助自己聚焦

如果此刻的你的目標是財務自由，提早從職場退休，那麼，退休之後

範例

曼陀羅九宮格

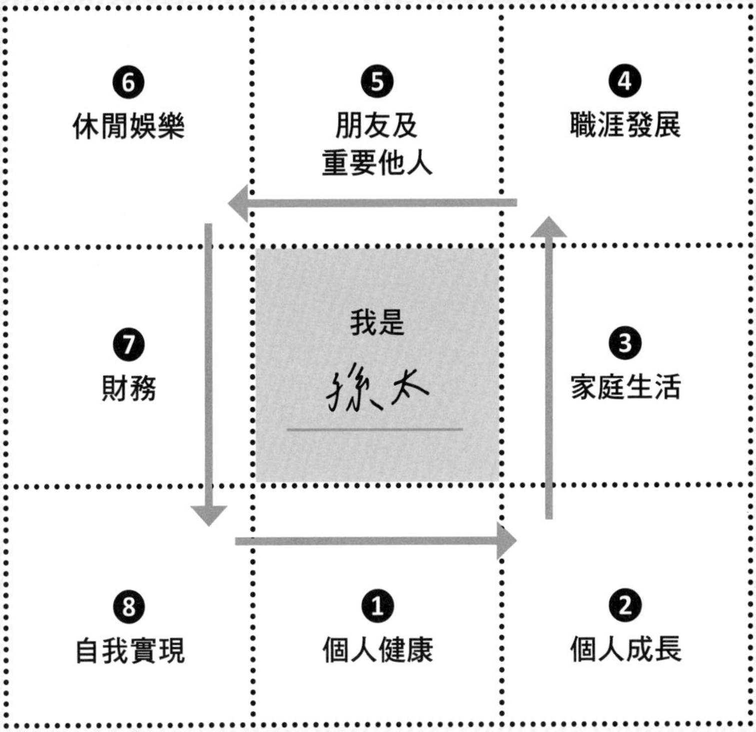

的生活，無論是餐餐吃五星級飯店，還是或者只是想要維持最基本限度的生活水平，若是後者，最基本的門檻就是所得替代率＊百分之百，假設你月薪三萬，那麼所得替代率就等於三萬（為了方便舉例在此先不納入通膨因素）。

餐餐吃五星級跟只想維持最基本限度的生活水平，所需要準備的退休金肯定不一樣，所以一定要先設立好目標，再來就能反向思考自己需要做哪些準備？藉此展開自己的儲蓄和投資計畫。

假設希望維持吃五星級餐廳，藉此反推自己的每月花費，那麼你每個月可能至少要準備三十萬；反之，若只想要維持最基本限度的生活水平，那麼就將自身每月花費明細羅列清楚。如果你目前離退休還太久或者還沒有概念，可以參考主計處公布平均每人每月支出會較有方向（2023 年為 25,726 元），左頁以每月三萬為例。

＊作者補充說明：所得替代率，指退休後每月平均可支配金額與退休當時的每月薪資比例。（MBA 智庫百科）

Column

打造退休後每月 3 萬元的現金流收入

每個月 3 萬塊的花費，一年 12 個月，意味著每一年至少需要擁有 36 萬的現金流，有三個方案讓我選擇——

• 方案 A：高股息 ETF，假設利率 6%

假設以目前高股息 ETF 提供的現金流 6% 左右，那麼要達到每年現金流 36 萬，意味著本金至少需要 600 萬，600 萬 ×6%=36 萬

• 方案 B：債券型 ETF，假設利率 4%

假設以目前債券型 ETF 提供的現金流 4% 左右，那麼要達到每年現金流 36 萬，意味著本金至少需要 900 萬，900 萬 ×4% 的現金流 =36 萬

• 方案 C：成長型 ETF，假設利率 2%

假設以目前成長型 ETF 提供的現金流 2% 左右，那麼要達到每年現金流 36 萬，意味著本金至少需要 1,800 萬，1,800 萬 ×2% 現金流 =36 萬

當孩子都長大出社會工作，我的房子不用支付房貸，且保險都滿齊全的情況下，以我個人的簡單花費，沒有什麼奢侈花費的情況下，一個月三萬塊是夠維持基本生活水平。

說了這麼多，就是要告訴大家，這個目標是完全客製化的，依據你個人的需求和生活品質再搭配投資商品的投資報酬率去預估，就能算出你需要準備的本金為多少。再來去反推你的儲蓄計劃答案，答案不就出來囉！是不是相當簡單！反之，若你的目標設立太高，很可能會乾脆選擇放棄，這時我強烈建議，先降低你的目標，先從所得替代率百分之六十至七十當低標，先提高自己的動力和執行力，就能快速替自己圓夢。

現在換你寫下屬於你自己的理想生活樣貌，讓我們一起一步一腳印來幫助自己持續邁向理想生活。

It's your turn!

曼陀羅九宮格

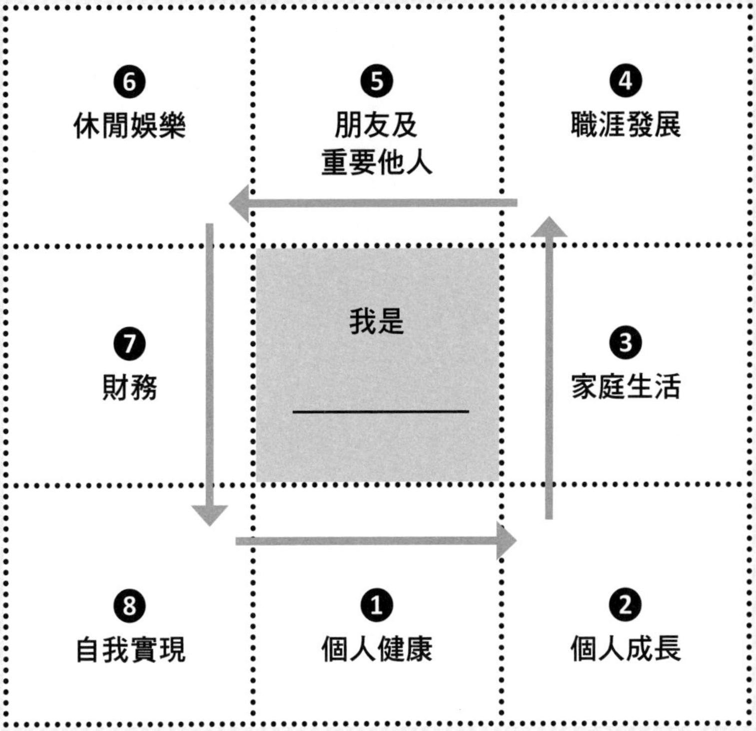

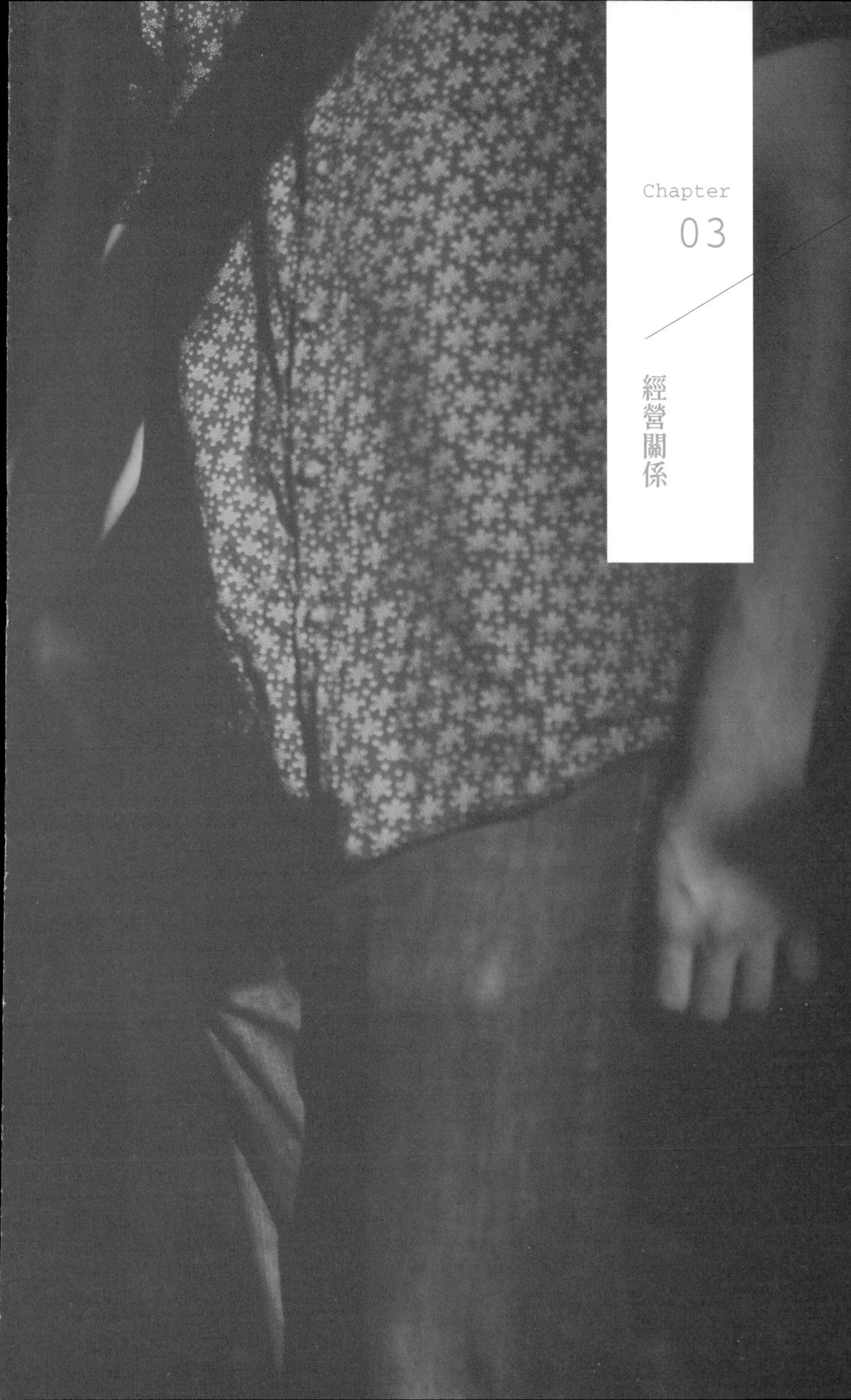

Chapter 03

經營關係

學會 愛之語
從心 擁抱
自己與 家人

01

學會用對方喜歡的方式去愛他

誠如我在之前的章節提過的，我從小最大的心願，就是能夠擁有一個幸福美滿的家庭。因此「家人」對我來說是最重要的事，這也就是為什麼這麼多年，我會堅持不曝光並且果斷婉拒知名媒體和節目邀請的真正原因，曝光確實有機會增加知名度和吸引更多合作機會，然而，伴隨而來的風險是，可能會影響生活中的寧靜，當清楚知道自己的價值觀和信念之後，每當遇到誘惑時，我都會提醒自己莫忘初衷。

與家人朋友相處除了相互尊重，如果能更加了解彼此，除了有利明確表達自己的需求，也能幫助彼此之間的關係更靠近。因為，我認為用對方喜歡的方式去愛他，除了是一種深入了解和關懷對方的方式，還可以加深彼此的連結。《愛之語》這本書的作者蓋瑞・巧門（Gary Chapman）博士提出了五種不同的愛的表達方式，說明每個人可能會偏好其中一種或多種方式，且伴隨著年齡與身分的不同使得每個時期的愛之語都會不太一樣。

✦・愛之語的表達方式

這五種愛的表達分別是：

①肯定的言語（Words of Affirmation）：透過言語來表達愛意，例如

讚美、鼓勵、誇獎和體貼的話語。

②精心的時間（Quality Time）：這是指花時間與對方共處，全神貫注地和對方相處，互相交流和分享時光。

③禮物的贈送（Receiving Gifts）：透過贈送禮物來表達愛意，不僅僅是物質上的價值，更是表示關心和注意到對方的需求。

④服務的行動（Acts of Service）：透過實際行動來表達愛意，例如幫助、支持或者做一些對方需要的事情。

⑤身體的觸碰（Physical Touch）：透過身體接觸來表達愛意，例如擁抱、親吻、握手等。

曾風靡全世界《生命的答案，水知道》這本書，作者江本勝博士花了八年的時間研究水，意外讓作者了解宇宙的奧秘，甚至是生命的答案。

A組用表達感謝、讚美跟我愛你，水產生出瑰麗且完美的六角形結晶，而B組用怒罵、厭惡等言語，則變成扭曲醜陋的樣貌。

許多人甚至包含學校都讓學生做過這個實驗，除了使用水，也有人使用各式各樣的食物，像是蘋果、米飯、植物等做同質性的對造組實驗，得出來的答案顯示，表達感謝與愛的A組都比怒罵的B組還要好，由此可見，作者的觀點確實有值得學習之處。

由於人體百分之七十都是水分組成，而《生命的答案，水知道》的觀點，跟黃帝內經的：「怒傷肝、喜傷心、思傷脾、憂傷肺、恐傷腎」這段話，有異曲同工之妙。

由此可見「正面且肯定的言語」對大人以及兒童的大腦發展都具有重要影響，意味著父母親或其主要照顧者，在成長過程中，適時給予正面的、肯定的言語和回饋對身心發展有著深遠的影響。

✦・點燃內心的勇氣火苗

我認為這個觀念擴大至與人對話同樣適用，在此分享黃于真諮商心理師的方式，以利點燃內心的勇氣火苗，並注入正向的力量，並用阿德勒心理學為核心方法，列出五種鼓勵方式：分別是肯定特質與努力、指出貢獻與感謝、看重努力與進步、表示信心、傳達接納與認可。

①肯定特質與能力：發掘特質或能力＋描述實際的行為或具體事件

②指出貢獻與感謝：對方具體的行動＋該行動帶來的影響

③看重努力與進步：描述對方的作品或舉動＋指出對方的努力與進步

④表示信心：表達支持信心的客觀證據＋我相信……

⑤傳達接納與認可：感受並傳遞認可對方具體的行為、表現、情緒、意圖、態度與興趣

網路上有許多五種愛之語的測驗，都是免費的，歡迎多加利用。運用五種愛的語言不僅可以改善人際關係，也能增進與家人之間的情感帳戶。

由這個範例進行分數排序，就會發現我的最主要的愛之語是服務的行

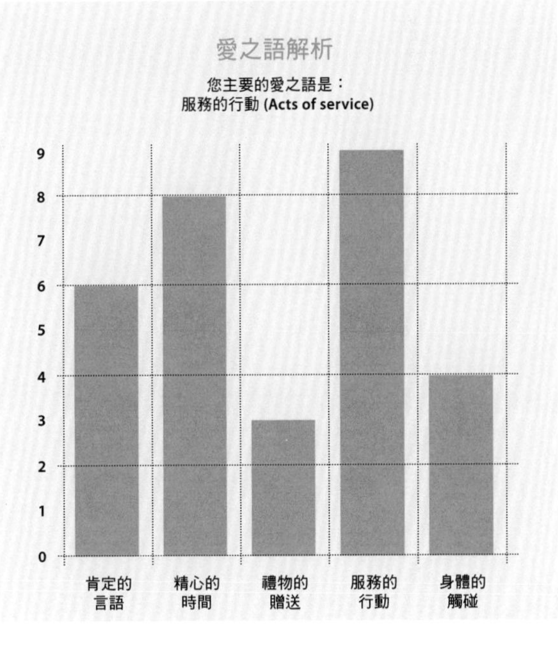

＊作者註：中文愛之語的線上免費測驗網站：http://love.cssa.org.tw/。測驗結束後，你會出現 P.105 這樣的圖，就能清楚知道自己的愛之語是哪一種。

動，第二名則是精心的時間，所以當你足夠了解自己的需求，就能清楚讓家人朋友們知道你的需求。而愛之語的測驗，每隔一段時間是會變動的，因此每隔幾年都可以重新做一次，會更貼近當時的需求唷！

✦隨堂練習✦

尋找我的愛之語

在此，彙整出最常見五種愛的語言具體的行為表現。現在，請你準備一枝筆，找個安靜的地方，直覺且快速，勾選讓你產生共鳴的選項，就能快速找出你目前最需要或最喜歡的愛之語。

A

□我喜歡將愛與關心的話語掛嘴邊（例如：謝謝你，有你真好）。

□我喜歡使用文字訊息交流的方式，讓家人朋友知道你正在表達思念著。

□我喜歡家中擺放正能量的文字（包含名人説過的話）。

□我發現他人的付出時，會即時表達真誠的讚美和感謝。

□我喜歡舉行聚會，當別人誇獎我時，我會很開心，甚至有跑去主動買單的經驗。

□我喜歡聽到別人對我表達感激和肯定。

□當我做了某件事，我會希望別人看到我的付出並表達感激。

□我喜歡收到別人寫上對我的讚美與肯定的小卡片。

□我喜歡特殊節日時（例如：生日或者周年紀念日），別人對我表示感謝。

□我除了喜歡他人的稱讚，也會特別留意自己發言是否讓對方感到開心。

B

- □我喜歡邀請家人或朋友陪我一起做事情（像是料理、烘培等）。
- □我喜歡跟我喜歡的人單獨相處（像是逛街、旅行等）。
- □我喜歡創造跟家人朋友共同相處的活動（例如：散步、聚會）。
- □我喜歡跟家人朋友分享我最近關注的話題。
- □我喜歡跟朋友分享閱讀的書籍和學習心得。
- □我跟家人朋友一起閱讀／工作的效率，比我一個人更高且更有動力。
- □我做某一件事或學習新技能時，彼此互相扶持和鼓勵的過程讓我很享受。
- □我吃到美味的食物時，會萌生帶我愛的家人朋友也來吃的念頭。
- □我喜歡跟我喜歡的人做同一件事，即便那件事我不太擅長。
- □我喜歡講話的時候，對方很有耐心的傾聽和適時回應。

- □我喜歡收到禮物，讓我有種被愛的感覺（無關禮物的價格）。
- □我喜歡家人朋友每次出遊或出差，帶禮物給我來表達對我的愛和關心。
- □我喜歡收到家人朋友一直送我禮物，比久久才收一個大禮物還更讓我開心。
- □跟家人朋友聊天時，提到他喜歡什麼物品，我會記錄下來，並找機會送對方喜歡的禮物。
- □面對重要的家人朋友，我會特別花時間製作客製化的專屬禮物，藉此展現我的心意和用心。
- □參加禮物交換活動，我會精心準備，超過預算也不在意。
- □家人朋友若記得我喜歡的甜點口味或食物，我會很開心。
- □我喜歡收到家人朋友的禮物，即便只是一張不起眼的小卡片，我都很珍惜。
- □每次節日的時候，我都會準備一份符合家人朋友喜好的禮物，看到收到禮物滿臉感謝的表情，我會覺得很幸福。
- □我喜歡身邊隨時準備小禮物，若遇到合適的對象，就跟對方分享。

D

□我喜歡家人朋友實際行為的支持，遠勝過口頭關心。

□我喜歡家人主動做家務事。

□我喜歡當我疲憊時，家人會主動幫我按摩。

□我喜歡替家人朋友準備他們愛吃的食物。

□我喜歡煮飯給家人吃，即便我不擅長廚藝，也會願意學習。

□我會主動打掃和做家務事。

□當我需要協助時，我喜歡家人朋友給予實際的行為和幫助。

□講再多甜言蜜語，都遠不及用實質行動來支持我。

□我喜歡被喜歡的人服務的感覺（例如：口渴時，幫我倒杯水）。

□當家人朋友為了我，勉強做一件自己不擅長的事或不喜歡的事（例如：愛吃甜食的同住家人，會因為我正在瘦身，而減少吃甜食），會讓我覺得有被尊重的感覺。

E

- □我喜歡被家人朋友擁抱的感覺。
- □我跟家人朋友去看電影或電視時，我喜歡彼此身體靠在一起的感覺。
- □我喜歡睡前給家人一個親吻或擁抱。
- □當我看到家人朋友傷心難過時，我會給予一個發自內心的擁抱。
- □我喜歡跟家人朋友肢體接觸（例如：牽手，座位靠在一起）。
- □我看到喜歡的人經過，我喜歡有一些肢體接觸（例如：擊掌）。
- □我喜歡跟喜歡的人擁抱在一起的感覺，這讓我感到幸福。
- □我喜歡和家人朋友看電影或散步時有肢體接觸（例如：牽手）。
- □當和家人朋友發生不愉快或誤會時，我會用擁抱對方表達歉意。
- □我喜歡隨時隨地，任何情況下都抱一下。

【選項統計範例】

小美的統計如下：A（5）、B（7）、C（3）、D（6）、E（4）

小美選項B的數值是最高的，這就代表小美目前最需要的愛之語是「精心的時間」，其次是選項D「服務的行動」。（正解見下頁）

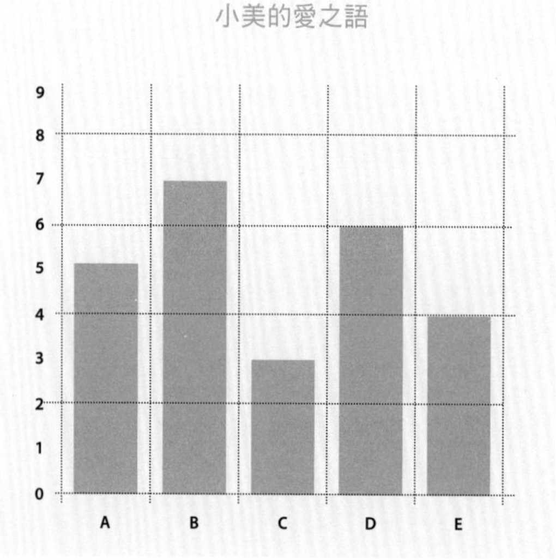

現在換你填上你統計好的數值囉！

【公布正解】

A：代表目前最需要的是肯定的言語。B：代表目前最需要的是精心的時間。C：代表目前最需要的是禮物的贈送。D：代表目前最需要的是服務的行動。E：代表目前最需要的是身體的觸碰。

我是＿＿＿＿透過這個練習，我發現自己類別＿＿的數值最高，所以我目前最需要的愛之語是＿＿＿＿＿，其次是選項＿＿＿。

邀請心愛的家人朋友做這項練習，可以讓彼此的情感快速升溫喔。

*補充說明：愛之語會因為年齡和人生階段不同產生變化，因此如果需要的話，每隔一段時間就找家人朋友重新作測驗，能幫助彼此情感持續升溫唷。

02

在愛裡凡事包容

「你們是弓，你們的孩子是被射出的生命的箭矢。
那射手瞄準無限之旅上的目標，用力將你彎曲，以使他的箭迅捷遠飛。
讓你欣然在射手的手中彎曲吧；
因為他既愛飛馳的箭，也愛穩健的弓。」——紀伯倫多年前，我從身邊幾位好朋友身上觀察發現，把夫妻關係放在第一位的家庭，多數都過得很幸福美滿，反之，如果家庭序位錯亂，尤其是華人社會，加上現代人生的少，有了孩子後，許多父母很容易將所有精力／金錢全放在了孩子身上，不但冷落了自己，就連配偶都忽略了。不自覺中，夫妻的情感也漸漸出現裂痕。藉此反推，一旦家庭排序改變，如果親子關係凌駕於夫妻關係之上，那夫妻兩人之間的心的距離愈來愈遠是早晚的事。

✦．只有愛人，會永遠陪伴在自己身邊

美國薩斯奎漢納博士，曾經讓一位年輕的女士在黑板上寫下十個自己最親近、最愛的人的名字，包括她的父母、愛人、孩子還有最好的朋友。然後，再讓這位女士依重要性再刪掉這些人的名字，最後剩下自己父母、

愛人和孩子的時候，這個女士已經崩潰了。不過，她還是劃掉了父母的名字，最後義無反顧的選擇了愛人。

這位女士說，父母會慢慢的變老總有一天要離自己而去，而孩子長大也有自己的生活，只有愛人是一直在自己身邊給予陪伴的人。父母對我們的愛的確很偉大，所以當自己成為父母的時候，全然奉獻犧牲自我，去愛自己的孩子似乎也是變成一種「理所應當」。

・一本書，挽救了我們的婚姻

認識我們夫妻的粉絲們都知道我們的一段往事（糗事），二〇〇八年的金融海嘯重創我的家，從最初的五子登科（妻子〔丈夫〕、孩子、銀子、車子及房子），最後不但被資遣，甚至在迫不得已的情況下變賣我的結婚金飾度日，導致好幾年的時間，每天都在忙著賺錢，因此夫妻及孩子之間的感情愈來愈淡薄，一度出現婚姻危機。

因緣際會之下，有位閨密J得知我的狀況，於是主動邀請我看《搶救愛情四十天》（Fireproof）。看完電影之後，我大哭一場，久久不能自己。

從小最大的心願，就是能夠擁有一個幸福美滿的家庭。難道就要毀在我手裡了嗎？

幸福曾經離我這麼近，如今為什麼因為一場金融海嘯，經濟困頓就算了，還跟另一半及孩子之間的感情漸行漸遠，我的幸福，難道跟著被金融海嘯一起摧毀了嗎？最低潮的時候，還曾萌生「不如歸去」的念頭，所幸當時身邊有多位良師益友好姊妹的相伴，在得知情況之後，告訴我：「既然妳連死都不怕，反正最差的情況莫過於此，何不死馬當活馬醫？」

在沒有半個家人知曉的情況下，我一個人孤軍奮戰偷偷報名參加《挑戰真愛：挑戰夫妻活出真愛的四十天歷程》（The Love Dare）的實體讀書會，每日照表操課，以四十天的歷程，希望有機會重新點燃夫妻之間的愛火。

有一天的功課，是要我「勒住舌」，遇到任何不開心導致自己想發脾氣的時候，必須選擇沉默。那一天我在後陽台晾衣服，請老公來幫忙，隔了好幾分鐘，眼見衣服都快晾一半，他才緩緩走過來，然後補一句：「唉唷！妳今天竟然沒有生氣，真是難得。」

要不是看在當天功課「勒住舌」的面子上，不然真的很想踹老公一腳，當下只能摸摸鼻子告訴自己：「老公是我選的，我選的，今天的功課是勒住舌，就不跟他一般計較。」，然後獨自一人轉身面對牆壁，瘋狂翻了好幾個白眼。

富國島的吻橋是一座架空在無邊際海洋上的橋，我和悟天走到橋頭牽手拍下吻照。（謝謝小寶在橋上清空場景，感謝大寶在橋下當我們的攝影師。）

說來也神奇，原本以為才四十天，對我來說應該就像吃塊餅乾一樣簡單，後來發現還真是不容易，我反省自己每次跟同事或朋友講話時，至少還會思考一下，怎麼說會更好？怎麼溝通才能達到雙贏，可是每當一回家，跟家人之間的相處和講話模式，立馬切換「沒在客氣」的講話模式，進入「自動化反應模式」（無意識）模式，傷害到家人卻不自知。

那段時間一起參與實體讀書會的牧師及姊妹們，陪我度過生命中許多憂傷的階段，我才有機會學習到更有智慧的夫妻之道，迎來倒吃甘蔗愈來愈香甜幸福的愛情。

✦・維持婚姻幸福的祕訣

還有一次，我們夫妻一起參加簡春安教授的課，主要是談如何維持婚姻幸福的祕訣？

上完課除了覺得收穫滿滿，佩服簡春安教授結婚四十多年，婚後生活依然恩愛，更敬佩的是，七十多歲的年紀，手腳靈活且自己開車到處演講、授課。其中一段夫妻婚姻生活上的規劃計畫，我看了很有感與大家分享。

①每天至少講話十五分鐘
②每週三外四內（無論多忙，每週至少四天回家陪另一半跟孩子）
③每個月一場電影、兩次逛街、三次外出用餐
④每三、四個月旅行一次
⑤每一、兩年出國旅行一次

我們夫妻倆參加完春安教授的課之後，發現除了每個月逛街跟看電影沒做到，其他幾乎都有達標。

由此可見，我們還有許多進步的空間，最後，用《挑戰真愛》書中的一段話做結尾：「勇敢去愛，凡事包容，凡事相信，凡事盼望，凡事忍耐，愛是永不止息。」

奧地利的哈修塔特被譽為全世界最美的小鎮，看著眼前的美景，我們夫妻倆不由自主地牽起了手，在旅途中默默找回了戀愛時的甜蜜感。

03

那一刻起，我的目光不再是只是孩子們

二〇二三年，最小的孩子上高中了，我內心已經開始期待空巢期（自由）的到來，為此特地跑去上了好幾堂如何面對空巢期的實體講座。毫無疑問的，我是課堂上相對年輕的學員，聽著前輩們的分享，心中掀起波瀾。

A哭著說：「我這麼愛他，只是嘮叨幾句，怎麼就把我的臉書封鎖了呢？」B則擔憂的說：「孩子一直不結婚，真是急死我了。」C說：「孩子人在國外結婚生子，如今連看個孫子都要我搭飛機才看得到。」就這樣，現場七嘴八舌講述著自己的煩惱，我原本以為上完課可以幫助自己更多理解「空巢期」會遇到什麼困難？以及心態上又要如何面對？後來發現，無論何時何地，就算空巢期，一樣有很多爸爸媽媽對小孩充滿各種不放心。

不禁思考一件事：「那你呢？你把自己放在哪裡了？」

為孩子、為家人打拼一輩子，如今孩子已長大成人，有的甚至已經成家立業了，為什麼那些爸爸媽媽的目光依舊看著孩子，不願意放手呢？於是我好奇了解一位又一位的長輩們的故事，到底發生什麼事，導致如今會變成這樣呢？了解過後發現，事出必有因，種什麼因、得什麼果！這句話所言不假。

上完課之後，我回家跟悟天說：

「我先說，萬一好不容易等到你退休，結果你要我天天在家陪你大眼瞪小眼，當著安靜的煮飯婆，那你乾脆不要退休好了。為了將來夫妻倆的共同夢想（到處旅行、吃喝玩樂），從現在開始，就開始學習，如何當彼此的最佳旅伴，然後一起努力把身體健康顧好！」

✦・挪一點空間給自己

以往只要在外地唸書的女兒回家，我們就會帶著兩個孩子吃香喝辣的，當個稱職的康樂股長。如今，偶爾改成夫妻週末小約會，請讀大學的女兒照顧弟弟，我們倆就出門約會去啦。有時是去近郊爬山，有時兩個人跑去吃大餐，有時還騎了一百多公里的機車，只為了賞花，品嚐在地美食，天氣變冷還會去泡湯。

上完那幾堂課，我發現很多「空巢期的父母」最大的困難就是，**把關注力重新拉回到自己身上，以及跟另一半相處的勇氣和智慧。**

我把自己即將面臨空巢期的領悟以及想法分享到粉專，引來許多粉絲的熱烈回應，在獲得粉絲同意之下，我將文字原封不動，搬過來。

粉絲 Michael Lin：「『把關注力重新拉回自己身上，以及跟另一半相處的勇氣和智慧』確實不容易！人生的歷程就如同投資存股的三個階段，都需要學習和調整，最後才能夠在和諧中優雅做自己！」

粉絲 Judy Chu：「孩子是父母一輩子甜蜜的負擔，但我們也別忘了孩子是獨立的個體，學習尊重孩子，少說多聽。嘮叨過頭的父母，孩子就離妳遠遠的。學習做個愛自己的父母，孩子的未來妳無法掌握，唯有給他一個健康完整的愛，其餘的就交給老天爺了。大家一起努力做個健康不惹人嫌的家長。」

現實生活中，我們夫妻倆未曾一日，單獨留下孩子們，兩人自己在外地過夜，因此，如今要真的將孩子單獨留下，對我們來說都是個非常不容易的決定，跟孩子們經過多次的討論之後，反覆擬定好幾種計畫，我的內心不斷在拉扯，直到決定的最後一刻，我甚至覺得：自己把孩子放著，然後獨自出去玩，這樣做好嗎？會不會是個不負責任的母親呢？

內心不斷升起各種自我指責的聲音，我便打電話告訴母親，我的痛苦和煩惱，母親聽我述說著內心的真實想法，便主動問我：你們什麼時候出國？

在得知我們預計出國的時間，長輩說：「我去住妳家，照看兩個孩子們，若孩子出門，至少還有我幫你們顧家。」

最後，在獲得長輩、孩子們的支持以及悟天的堅持下，我們決定只要悟天有休假，就適時安排夫妻旅行，讓彼此重新學習和練習，單純的兩人世界，一點一點慢慢找回那最初的愛。

04

穩固的關係
來自於平日的用心經營

有一陣子《熟年離婚》這部日劇討論度很高，男主角一生努力工作專心打拼事業為老婆孩子奮鬥，女主角則盡心盡力照顧家庭和孩子，男主角原本以為退休後就可以跟太太好好享受美好的生活，未曾想到女主角堅決離婚，覺得孩子終於拉拔長大了，不願在繼續服侍先生，只想以「自己」的身分，過一個自由自在的生活。這部日劇，讓我想到大塊文化董事長郝明義，曾在臉書公開表示自己退休那一晚，收到太太的離婚協議書，無論再怎樣極力挽回，最終還是離婚收場。

這件事，讓我深刻的體認到一件事，那就是「冰凍三尺、非一日之寒」，故事中的這位太太，在孩子成年之前，一定有過許多忍讓和委屈，如今孩子已成年，責任已了，才會讓她決定在老公退休那一天提離婚。

還記得有一次我參加的實體讀書會，其中一位比較年長的姊妹說先生送給她一枚鑽戒當結婚週年禮物，在場的所有姊妹聽了都非常羨慕。但沒想到，這位姊妹不但覺得老公很浪費錢，甚至還為此冷戰好幾天，後來因兩個人經年累月的爭執和價值觀落差太大，導致兩人最終走向離婚之途，令人不勝唏噓。

如果可以重新選擇一遍，用對方喜歡的方式去愛他、體諒他，那麼婚姻是否還有轉圜的空間呢？

還有一次我家停電，晚餐煮到一半的時候背後突然傳來一陣涼風，開心的以為電來了。

孫太：哇！電來了誒！（一臉開心）

老公：蝦咪電來了？

孫太：不然怎麼會有一陣涼風？

老公：人工的啦！（悟天拿扇子在搧風）

孫太：哇！好涼喔，請繼續。（被白眼）

走出廚房，小孩們一臉雀躍，因為當天我們全家人度過一個貨真價實的「燭光晚餐」，第一次覺得蠟燭還真是買對了。

如同簡春安教授提過的幸福提案，其中一個建議，「每天至少講話十五分鐘」，**我認為每一段關係的維持，最核心的關鍵在於平常就要累積足夠的情感存摺**，就跟存錢一樣，每天一塊錢一塊錢慢慢存，時間久了就會產生複利效應，同樣的邏輯套用在情感上面，每天表達自己的愛意，把對方放在心上，捧在手上，我相信彼此之間的感情也就跟著愈來愈濃厚，時間一久產生複利效果，最後擁有一位不離不棄，互相扶持的家人和伴侶。

05

學會經營自己，才會找到真正的幸福與快樂

回想投資失利之後的那幾年，無論是孩子教養問題、婆媳問題，金錢觀等等，只要談起上述議題，就能輕易點燃戰火，展開劇烈的言語溝通，為此，除了投資理財書籍，我還讀了許多有關溝通和教養方面的書，其中一本卡內基的書，內文大概是：「不管任何時候，能拯救我的只有我自己，學會經營自己、駕馭自己的女人，才會找到真正的幸福與快樂。」

後來聽到一個演講主題，主要是分享夫妻感情如何經營的祕訣。主講者是位非常有智慧的女性（可惜年代久遠，我不記得名字），其中一段內容讓我印象深刻，記憶裡大概的內容是在講述，這位妻子本身是華僑嫁給台灣人，為了愛定居在台灣，因娘家在國外，所以每隔一段時間都需要獨自一人搭飛機回娘家辦事情，有一次跟丈夫通遠洋電話時，提到自己想吃巧克力，丈夫當下表示：「等妳回台灣帶妳去吃。」給予妻子當下滿滿的情緒價值。

約莫一周後，妻子收到一個包裹，是一盒融化的巧克力（疑似航空包裹在搭飛機時，巧克力不小心融化了），如果今天換成是你，突然收到自己心心念念的巧克力，作何感想？

現場所有人聽完，每個人都發出驚呼聲，臉上充滿羨慕。

我相信，就算巧克力已經變形，這位妻子肯定感動滿滿，於是妻子手上那盒巧克力還沒吃完就又迫不及待，帶著丈夫充滿愛意的半盒巧克力，回台灣跟丈夫以及孩子們相聚。

聽完那場演講，讓我深刻感受到一件事，那就是**「婚後生活比婚前更需要刻意經營」**，才能細水長流，持續越愛越火熱。

✦・婚姻需要刻意經營

因為深受這個故事的啟發，有一回輪到我安排自助旅行，第一次全權安排和負責的自助旅行，一路吃吃喝喝安排許多景點，回國後詢問老公這趟旅行印象最深刻的是哪個部分？

結果悟天表示：入住飯店時，床上擺著「我愛妳」的玫瑰花瓣。

簡單的幾片「I LOVE U」玫瑰花瓣，成了悟天在這趟旅途中印象最深刻的回憶。

其實這個驚喜，單就實際價值來說，幾片塑膠假花瓣，是能值多少錢？真正動人的，是那份把對方放在心裡的愛意。

很多看似平平無奇的事情，如果能多一份用心和巧思，就能賦予它獨一無二的意義，變成彼此之間的驚喜，例如逢年過節，像是過生日、結婚紀念日、情人節、聖誕節等等，透過某個特定節日，成為一群人聚在一起的主要原因，過程中最珍貴的是，那份為他人付出的用心與真誠。

今天如果換成是你，一個是潔白的床單？一個是擺著「我愛妳」的床單，那一個會讓你感受到對方的用心呢？

結論，**每個人和家庭都有自己喜歡的生活樣貌，務必記得所有幸福的瞬間都是值得被紀念的**，日常生活中多用一點心，創造彼此之間獨一無二的美好回憶。

同樣是玫瑰花瓣的那趟旅程，這是在越南富國島吻橋上看見的耶穌光。

Chapter 04

財務規劃

可以讓人安心二、三十年的投資方法

01

投資理財，須憑智慧

「不為金錢之奴，讓金錢為你服務。」——洛克菲勒

暢銷書《洛克菲勒寫給兒子的38封信》這本書，堪稱投資理財的必讀經典之一，常言道富不過三代很正常，然而洛克菲勒家族不但富超過七代，而且還在持續富下去，他們到底是如何做到的？

聖經上有個三個僕人的故事，相信大家都耳熟能詳，描述一位有錢人出遊之前，將錢財交給三位僕人，其中一位僕人因為擔心金錢遺失，於是挖個洞藏了起來，其他兩位僕人，則是努力的轉投資讓錢滾錢，越變越多，後來有錢人回來之後，除了懲罰那位把錢藏起來的僕人，還將錢全數回收拿給另外賺錢的僕人保管。

回想自己年輕時，明明知道學習是非常重要的事，然而當時陷入數字迷思，以為努力拚自己上課及閱讀書本的數量，就能探索出自己的興趣愛好，如今回想起來，會發現那是一段「亂槍打鳥」的學習階段。如果當時能聚焦在某個領域學習專業，也許就不會在學藝不精的情況下，赤手空拳就上戰場（股市）殺敵（投資）。

直到二〇〇八年遇到一場金融海嘯被滅頂，事後檢討才發現，當時的失敗真的是必然，不是偶然。我舉理財的例子，大家會更清楚一點，一開始先快速閱覽各個門派，以目前投資門派粗略分為四種。包含：

①價值投資
②成長投資
③指數投資
④技術分析

每個門派都有成功案例和信徒，不同門派的投資人，無須為了雙方觀點不同就吵成一團，無疑是浪費時間。因為每個門派的觀念跟投資策略都有不同、各有各的好，所以，最初一開始可選定自己最感興趣的門派，一門深入，切記「不要貪多，貪多嚼不爛」的這個道理。

當年的我們最初走的是技術分析派，不得已被套牢，只好改口並安慰（催眠）自己說：其實我是價值投資者。

直到有一天我參透**「金錢是用來幫助生活變好的工具，但並不是人生的唯一目標」**這個道理之後，認清並時刻提醒自己理財的初衷，便開始留下更多時間給自己和家人，當生活的主人，而不是金錢的奴隸。

誠如洛克菲勒說的：「不為金錢之奴，讓金錢為你服務。」這個道理，從此之後，作任何事的出發點不再是因為錢的多寡，更多的是以「心的平安」為評估依據。

02

關於財務自由的標準

「財務自由」這四個字，相信大家都不陌生，據說最早出現在一九九二年。源自於《跟錢好好相處：幸福的關鍵，是找到金錢與人生的平衡點》這本書，無論是「Financial Independence Retire Early」（財務獨立，及早退休），還是「Financial Independence」（財務自由）都是常作為理財書籍討論的話題。

我認為「投資理財」及「財務配置」之間的關係密不可分，根據《富爸爸，窮爸爸》對財務自由的定義和說法，就是「被動收入」大於「支出」，所得替代率大於百分之百，即便無須工作，卻能到達「錢愈花愈多」的狀況，這才算真正進入「財務自由」的模式。

✦・量化預計花費，算出退休時間

我曾在《存股輕鬆學2》書中提到，最初對退休的生活型態和想像非常單純，當時看完田臨斌（老黑）的《45歲退休，你準備好了？》，也期待在退休時和老黑一樣不用為經濟煩惱。於是先計算每月的基本開銷，來抓自己如果要維持最基本生活水準，每個月需要多少錢來供應生活？

當時列出來的答案是：每月只需三萬元，就足以維持最基本的生活開銷。由此反推一年只需達到三十六萬元的現金流，就達到退休的門檻，有了這個目標（三十六萬），將退休生活的花費全部數據化，這樣就能以理性的方式去估算出距離自己可以退休的時間。

若以投資報酬率百分之六計算，代表擁有六百萬元的資產就可以退休了。

簡單算式：六百萬元×百分之六＝三十六萬元。最初只是先假設退休金需要六百萬元，預計二十年後退休，這樣反推每年至少存三十萬元，換言之一個月就要存兩萬五千元。

✦．年老後的花錢速度比退休前更快

這些年，因陪伴母親的緣故，讓我深刻體認到，自己當初設定退休後的三萬元生活費實在過於保守。原本以為老了不太需要花到大錢，卻沒想

Column

退休的準備開銷

（A）基本生活開銷一年保守估算 36 萬元。

（B）休閒娛樂 5,000 元、健身房運動 1,000 元、旅遊 5,000 元、交際費 3,000 元，保健食品、醫藥費 6,000 元等，加總每月估計為 2 萬元，一年就是 24 萬元。

A ＋ B 的結果，一年要準備 60 萬元的退休金。

到這幾年長輩進出醫院的頻率與花費，比實際預估的多更多。

有一回長輩不小心發生車禍，造成肩膀骨折的情況，如果按二、三十年前的醫療品質，肩膀骨折少說住院一到兩個禮拜。在醫療品質進步的同時，自費項目跟著增加，那時醫生建議自費，傷口小，醫療材料好，有利於術後修復。

就這樣，這些年長輩只要動個手術，一次自費五、六萬是非常基本的開銷，有鑑於此，完全打破我對醫療花費的觀念，發覺年老後的花錢速度真的比退休前更快，想要擁有好點的醫療品質，退休金自然得多準備些。

假設退休金需要一千萬元，預計二十年後退休，以兩方案計算。

方案一是僅存錢，無投資，投資報酬率為零，換算下來每年需投入五十萬元，換言之每月要存約四萬兩千元。

方案二是將錢存入每年投資報酬率百分之六的標的，條件同樣是退休時需要一千萬元，預計二十年後退休，換算下來每年需投入約二十六萬元，換言之每月要存約兩萬兩千元，詳細可參考 P.151 算式。

Column

方案 1. 僅存錢，無投資，投資報酬率 0%

退休年齡目標：20 年後退休

退休金目標：1000 萬

每月需存下：4.2 萬

算式：10,000,000÷（20×12）=41666.67

方案 2. 存入投資報酬率 6%的標的

退休年齡目標：20 年後退休

退休金目標：1000 萬

年收益率 6%，每月利率：6% ÷12=0.005

每月需存下：2.2 萬

算式：10,000,000×0.005=50,000

$(1+0.005)^{240}-1=2.3102$

50,000÷2.3102=21,641

03

別把燦爛的煙花，當成永恆的星光

曾經有一位粉絲來信詢問孫太：「孫太，我是投資新手，請問以投資二十年來說，是投資市值型好還是高股息ETF好呢？哪一種賺比較多？」

其實孫太很想回覆：「前期以技術分析為主，後期轉價值投資派的我，投資才剛滿九年，還沒有滿二十年，所以我可能沒辦法回答這個問題，如果你能調查周遭身旁有投資股票的朋友，問問看他們投資的股齡，通常你會發現投資能超過五年的不多，這個觀點孫太之前說過，這是因為『股災大週期』的時間大約是四到八年，什麼意思呢？簡單來說就是雖然每年或多或少都會有一些股災或修正，但那都只是『小週期』，真正大週期的大回檔或是大修正大約是四到八年一次！」

那會發生什麼事？財商觀念不好的，大概在每年小週期回檔或修正的時候就被「修理掉」了！其實這也沒有什麼不好，畢竟只是「小賠」就出場了，有時候可能還是一種止血！而能度過小週期的投資人通常都有一定的財商觀念，他們會認為自己的投資方式很棒，但若忽略風險意識，也有可能在隔幾年的大週期被「收割」掉，這時可能賠得更多，損失更大！然後開始咒罵股票市場都是騙人的地方。

因此能度過大週期循環的投資人，股齡幾乎都超過五到十年！你再去問問看他們的投資想法和思維，一定會是謙虛、謙虛、再謙虛！而如果去問尚未遭遇過大週期股災修正的投資人，因為嚐到的都是甜頭（韭菜成長的過程），還沒被收割過，所以通常就是自大、自大，再自大。

✦・你在乎「賺最多」，我在乎「二十年」

常有粉絲問我投資二十年要投資什麼比較好，孫太想跟你說的是，你在乎「賺最多」，我在乎「二十年」，市場上能在股市中存活二十年的可能只有不到百分之三的投資人，每次大週期就收割掉許多人，有的人會發畢業文，有的會心灰意冷不再投入股市。但別擔心市場量能不足，因為過個幾年，當市場又恢復多頭，就會有新的熱血青年和生力軍投入新的一波行列之中。

所以先問問自己是想當百分之三的投資人，還是百分之九十七的投資人，確認好自己想當哪一種投資人，再問自己如果要在市場中「存活二十年」，哪一種商品比較適合投資！這樣去選擇商品應該會比較好吧！最後回到結論，到底是高報酬高風險的商品比較容易讓你在股市中存活二十年，還是低報酬低風險的商品比較容易呢？此外，沒有人要你「只能」選擇一種商品投資，當你存活的機率逐漸上升之後，是不是再開始增加風險較高商品的比重，會更合適呢？畢竟，股市跟人生一樣，最後比得都不是誰在哪一次賺的比較多，而是誰存活得比較久！不是嗎？

我們從自二〇二二年轉換至ETF之後，從一開始的領息賠價差，到損益兩平，再到盆滿鉢滿，都在二〇二三年發生。尤其是二〇二三年七月底AI狂漲的那波更讓我們的損益一路增加九百萬，話說為什麼我會記得那麼清楚，因為當時我人在奧地利！所以印象格外深刻，二〇二四年，

NVIDIA 首席執行長黃仁勳訪台，讓更多人關注ＡＩ這個議題，截至截稿日（二〇二四年九月份）依然還是當紅炸子雞。

二〇二四年高股息ＥＴＦ表現普通良好到非常好，甚至好到讓很多人跌破眼鏡，也聽到許多玻璃碎裂的聲音！但孫太也提醒所有投資人，**別把燦爛的煙花當成永恆的星光！**

煙花很美、很炫麗、很漂亮，但是是短暫的。跟永恆星光大不相同！也因此別因為看到標的大漲就認為「往後每一年」都可以一路長紅。

這在股市中許多族群都可以驗證：台積電（2330）二〇二〇年從三百元漲到六百元，就別認為二〇二一年會到九百元、二〇二二年會到一千兩百，結果二〇二二年一度跌破四百元，如今二〇二四年七月突破一千元。（截稿日二〇二四年九月二十六日股價一度來到一千零十五元）

長榮（2603）二〇二〇年中從十七元漲到兩百元，就別認為二〇二二年會漲到四百元、二〇二三年漲到六百元，結果二〇二四年七月份的股價不到兩百元（截稿日二〇二四年九月二十六日股價為二百零六元。）

同樣，高股息最近這一年的報酬率也相當不錯，存股總是有很多路線之爭，但其實喜歡什麼就去買，想存什麼就去存！還是一句老話，講贏了你的配息也不會增加，辯輸了我的資產也不會減少，大家各自安好，優雅存自己喜歡的標的就好！

✦・煙花易逝，恆星不朽

當大家都在說誰的報酬率比較高時，往往也忽略了誰的風險比較大，風險是什麼？在股市中我們也可以把它視為波動度，更簡易一點觀測，也可以觀察其「β值」，數值愈接近1，代表跟大盤同步，數值愈接近於0，代表跟大盤愈不相關，舉例像中華電（2412）的β值大約是0.21，可以從中華電的走勢就可以知道β值低好處在哪（重點是中華電的報酬雖然不高，卻有許多重要的資金停留在電信股上）。

其實，賺得多不代表就好操作！賺得少也不見得最終賺得少！在股市中久了，孫太自己覺得「賺得久」才是真本事。本大利小利不小，存股中「本」是很重要的，雖然賺取的利潤少，但相對當風險變小，賺得久的機率也就相對變大！

最後，不管別人怎麼想，孫太自己的操作是去找持續發光發熱的恆星，而不是看著閃光去追逐煙花，畢竟，煙花易逝，恆星不朽！在合適的位階大量持有，持續領息降成本才是存股的基本精髓。

在一個類別專精，在一個族群精熟，你就會比其他投資人有更高的敏銳度，你就不會只是簡單的定期定額，漸漸地你會抓到投資的脈絡，你會知道在怎樣的狀態做怎麼樣的操作會對自己更好一點。

所以，外面的紛紛擾擾不是你需要在意的，壯大自己的財商觀念（FQ），了解自己想投資的商品，搞清楚脈絡！就算沒有賺到最多的錢，但你能在你自己熟悉的步驟內賺到最多的財富，那就是最棒的方式！

在職場上，行行出狀元，我們都可以尊重每個人的選擇，也許這個職業是他最感興趣，最有成就感，做起來最輕鬆或是他最有自信有把握的工作！何必要貶低他人的職業，然後說怎麼不去當工程師？不去當醫生？賺比較多錢呀？尤其到了投資市場，好像尊重他人的選擇變得非常「奢侈」！

04

神奇的退休公式

若你真的沒時間去統計自己退休後到底要擁有多少現金流？那有一個方式更簡單，就是使用百分之四法則（Four percent rule），簡單來說，就是你提領出退休帳戶中百分之四的金額，可以維持一整年開銷，那你就達標了！

百分之四法則最早起源於一九七〇年代，有人將退休金以相對保守的金融商品（債券）長期報酬去計算，發現：如果每年固定只領出百分之四，根據長期報酬去計算，連續提領至五十年，帳戶裡的資金也不會被領完。後來知名的美國財務規劃師威廉．P．班根（William P. Bengen），在一九九四年發表了一篇題為《從歷史數據決定提領率》（Determining Withdrawal Rates Using Historical Data）的研究報告，以一九二六年到一九九〇年之間的實際經驗值實證過，退休金相對安全的提領比例是百分之四，因為這篇論文在引起社會大眾相當廣泛的關注，進而成為許多人在研擬自己退休金計畫的重要準則之一。

・具備百分之四法則的條件

想像「退休本金」就像一隻金雞母，每年都會下蛋，而這顆雞蛋（現金流）需要六十萬才夠吃一年。藉此反推「金雞母」（退休本金）的規模，以百分之四法則去預估，答案等於一千五百萬，才能達到百分之四法則的門檻。

前提是你必須持續身體健康，每年提領的金額就隨通貨膨脹進行調整，幫自己年年加薪，剩餘的本金繼續投資理財，讓它錢滾錢，就能保證自己未來三十年的退休生活維持一定的生活水準。當然，我只是舉最簡單的例子，主要是幫助大家理解百分之四法則，並沒有將未來可能發生的大筆金錢支出（例如：醫療支出、失能、癌症等重大傷病等）或龐大的單筆花費（例如：小孩結婚、房子頭期款、出國遊學的費用等）估算進去。

因為每個人的價值觀都不盡相同，所以主要談的是一個大方向而已，而百分之四法則這個條件要成立，也是需要符合幾個前提要件：每年提領百分之四出來當生活費，是最大安全提領率，即便每年可以提撥六十萬當生活費，但實務上還是會建議花費需要低於百分之四這個數值。

而《提早退休說明書》作者嫺人在書中以二〇二〇年台灣人的平均每月消費為台幣兩萬三千二百六十二元實際演算，去推估一個人的年度花費約為二十八萬。若以百分之四法則之下神奇的退休金數字等於「二十八萬相當於退休金的百分之四」，也就是「二十八萬／百分之四＝七百萬」。

當中若遇到通貨膨脹導致物價上漲以及投資報酬率不如預期，得透過降低消費水平藉此確保退休生活無虞，然而這些都是最理想的狀態，因為沒人可以確保未來投資市場是好是壞？誰又能料到前幾年的 covid-19 造成全球長達幾年的災難？許多投資人光股票帳面價值就縮水百分之二十至百分之三十。我也不例外，當時不要說百分之四領不出來，帳面價值縮水的同時，還要將手邊閒置資金趁機進場逢低加碼。

因為書中篇幅有限，因此本章節先談一個概念，幫助大家透過一些數字和案例對退休生活更清晰，由此可見，**有明確的財務目標是非常重要的事。**

05

養大金雞母，打造源源不絕的現金流

本金要準備多少才夠用？

我認為答案見仁見智，取決在你個人，畢竟，只要是投資，就一定要做最壞的打算，假設整體資產投資報酬率有百分之六，這代表金雞母只需準備一千萬就足以應付每年三十六萬的開銷，百分之四是一個最保守的預估值，以我存股九年的經驗來說，無論是早期買金融股（第一金，2892）後期配置高股息ETF（00878、00713、00919、0056、00929等等），每一次的投資報酬率都超過百分之四，若遇到大股災我就勇敢加碼。

不然以我目前統計出來的投資報酬率，每次都有超過百分之六，但我的生活水平一樣控制在最多只花百分之四以內。

列個公式，以上一章的數據為例，本金一千五百萬是核心資產的基數。

一千五百萬的百分之四等於六十萬（基本花費）。

一千五百萬的百分之六等於九十萬，扣除基本開銷六十萬，剩餘三十萬買進衛星資產。

一千五百萬的百分之八等於一百二十萬，扣除基本開銷六十萬，剩餘六十萬買進衛星資產。

✦・投資時間愈早，就愈早享受複利效應

然而你發現了嗎？當配息金額愈多，我拿出來花的錢就愈多，很大的原因深受我母親的影響。投資時間愈早，就愈早享受複利效應，錢滾得愈快，因為時間不等人，我的母親前幾年常跑醫院，膝蓋已無法久站久坐，更不用說坐十幾個小時的飛機去歐洲旅行。

所以說，即便目前每年配息的金額超過十萬塊，此生連歐洲長什麼樣子都不知道，因此，有錢有閒沒有健康，一樣白搭，還不如趁現在身體健

康、能走能跳，到世界各地走走看看呢？

✦・如何判斷不需要再投入本金？

我曾多次表示，目前投資狀態已不需要再投入任何本金，並表示進入存股階段二，我採取的投資策略是「不看盤、等領息、做自己」因此，有很多粉絲寫信詢問孫太，怎麼樣可以不需要再投入本金？

答案是當你的存股部位變大了之後，你的投資手法不需要再拘泥於某一種步調或方式，簡單來說就是因為你的可運用資金變多了，你想怎麼投資的彈性空間也變得更大了！

以孫太自己目前的狀態為例，我以前不喜歡定期定額，比較喜歡在「合適的位階」買進，因為前期資金少，所以任何一筆錢都要發揮其最大的效應，因此在合適的位階才進場是孫太當時最好的執行方式！

但現在持有的基本母數已經超過兩千萬，後續增加持股的子數不論在低位階或是高位階，對於總體來說其實差異並不大，講求的應該是如何「執行」會更加簡單、方便。

最根本的核心思想，說穿了就是你必須夠自律，控制好自己的每年花費，多餘的錢就投入讓錢滾錢，打造一個能帶給你源源不絕現金流的聚寶盆。

Column

我對 00919 的操作策略

以 00919 當例子來解說：

A：假設你每次能投入 5,000 元買 00919 時，買在 16 元可以買三張成本 16 元的 00919，買 25 元就只能買成本 25 元的 00919 兩張。

B：如果一開始已經持有 00919 成本 15 元 500 張，那買 16 元 00919 三張後，總成本會變成 15.01 元的 00919 共 503 張，而如果是買在 25 元的 00919 兩張的話，那總成本則會變成 15.04 元的 00919 共 502 張。

結果：15.01 和 15.04 的差異，真的不大。（當然你會說 503 張和 502 張相差了一張！）

說明：16 元的 00919 不是那麼容易買得到，好的位階有時候是需要「等來的」！而在等待的過程中，可能總持股已經參與了許多次的「季配息」，因此等待是否值得，也要看你等待你所想要的「位階」花了多久的時間。

06

生命週期投資法，人生財富三階段

二〇二二年，我跑去進修家庭結構與財務相關的學分，有位同學跟我們分享《諾貝爾經濟學獎得主的獲利公式》這本書，提出**「以終身角度，分配投資比例」的作法，而這就是「生命週期投資法」**，由兩位耶魯大學教授共同撰寫的，我認為有其參考依據，因此跟大家分享這個概念。

進入主題之前，請容我補充一下，很多人看到「槓桿」兩個字就退避三舍，我先說明槓桿的定義，這裡是指「借錢買資產」，假如你看到一間八百萬的房子很喜歡，但你身上只有兩百萬，所以拿兩百萬當頭期款，其餘六百萬則是透過房貸的方式，讓你順利買到房子，這樣就是一種開槓桿的行為。所以很多人早就透過買房（房貸）甚至買車（車貸）開槓桿卻不自知，但也不是鼓勵大家現在借錢去買房或資產，畢竟每個人的個性跟風險承擔的能力都不一樣。

《諾貝爾經濟學獎得主的獲利公式》的作者認為，人生的財富累積可以分成三階段：

- 第一階段：從出社會工作到十年左右的年資，槓桿比例最多開到兩倍。
- 第二階段：從年資十年工作到中年約莫五十歲左右，薪資收入跟資產都有一定的提升，這時需降低槓桿，讓槓桿介於一倍不超過兩倍。

● 第三階段：屆臨退休前約莫十年，資產累積應該有一定規模，需重新思考並調整債券配置的比例，藉此降低整體資產風險。

✦．如何在死前讓遺憾歸零

有一次我看市場先生在網路上公開推薦《別把你的錢留到死》這本書，作者比爾．柏金斯（Bill Perkins）提出「死前財產歸零」（Die with Zero）這個觀念對我影響很大，當一個人存夠自己設定的財務目標，開始進入退休生活之前，把想留給家人孩子、以及打算捐作慈善的比例都想清楚之後，那麼「賺取更多更多的錢」就不再是退休時期最重點目標。沒有人能夠知道生命的終點在什麼時候，因此，針對這個議題，我認為可以擴大為**「在死前讓遺憾歸零」**。

讀完這本書之後，我還特地回娘家跟媽媽討論她存股帳戶的花錢計畫，畢竟母親已年近古稀，這幾年身體多少都有一些慢性病和小毛病，因此，我鼓勵媽媽把錢花在自己身上，一開始長輩不太捨得把錢花在自己身上，我告訴媽媽，父母送給孩子最大的禮物，就是「健康」。這樣孩子才不會一直掛心家中老母親的身體狀況。

我告訴媽媽：**「您的身邊沒多少錢，與其留下一點點錢搞到兄弟姊妹失和，倒不如有生之年努力把自己身體照顧好，讓在異地工作的子女們無須為您的健康擔心煩惱，更實在。」**媽媽聽完覺得很有道理，就開始將每次配發的股息，開始提領當作生活費，並用這筆錢遊山玩水，或許，這就是尋常人家的幸福吧！

與其留下太多錢財讓小孩爭家產，倒不如趁自己還能走能跳自主表達的時候，就趕緊去規劃自己的財富。

為自己的人生創造更多精彩難忘的生活經驗，就像作家黃大米說她年輕時就很拼命工作也捨不得玩，有錢就直接拿去繳房貸，**直到爸爸生病後，才發現可以健康跑跳是有期限的。**

觀念想通之後，黃大米跑去請教苦苓，得到三個推薦旅行清單：土耳其、埃及、非洲動物大遷徙。後來，她就跑去土耳其、埃及旅行和菲律賓留學一個月（同時玩跳島）等等，前陣子還看到她已經跑到歐洲去自助旅行，接連完成好幾個夢想，真叫人好生羨慕。

因此，此刻如果你看到這也心動了，那我非常鼓勵你，心動不如馬上行動，趕緊列出你的夢想清單，讓我們一起圓夢，在死前讓遺憾歸零。

我的夢想清單包括全家一起出國旅遊，圖為 2023 年時，去奧地利哈修塔特的遊湖照。

07

人無法賺到認知以外的錢

我經常在粉絲團上提醒大家精進自己的重要性，所以即便到現在，我每年都會有主題式學習和閱讀各類書籍的習慣，藉此核對自己目前的「財商觀念（FQ，Financial quotient）」，是否還適用？

當你無法理解別人是如何賺錢的時候，代表你的財商還不如他！而當你已經知道別人是怎麼獲利的時候，代表你的財商已經追上他，甚至超越他！因此不必去羨慕或是詆毀別人的投資模式或是獲利模式，而是應該努力讓自己的認知更高一階，財商更高一階！

同樣，當別人無法理解你的操作或獲利模式時，也無需跟對方爭吵，因為這只代表彼此的認知不同，也不必爭辯，只需做好自己就好。人無法賺到認知以外的錢！我認為努力學習、拓展財商才是守住投資獲利的不二法門！

不管股市大漲還是大跌，都會有許多人詢問：「還能不能買？」、「要不要賣？」、「獲利很多要不要出脫？」、「賠了好多錢，快撐不下去了怎麼辦？」

說實話，股市是隨機漫步的，未來如何沒人說得準，然而孫太想說的是，如果你連自己用什麼方式操作導致獲利？怎麼獲利？為什麼這樣能獲利？下一次要怎麼用相同模式獲利？都不太清楚的話，那這一次的獲利，也許真的只是一種「運氣」！你現在要做的是，是要讓自己的「認知（財商）」能跟得上你目前的「財富」才行。

我們夫妻倆從二〇一五年開始分享存股理念，傳達存股「財商」觀念與思維，並且把自己的操作思維和想法分享在粉絲團，跟著許多粉絲一同成長，收獲良多。

個股時期的第一金和ＥＴＦ時期的00878是孫太最重要的兩檔標的，這兩檔股票不是飆股，股價也不貴，可以說平易近人。我的操作沒有出神入化，堅持好球帶才揮棒，儘量壓低持有成本（又稱：建倉成本），沒想到現在也愈來愈多人講「位階」兩個字了。利用時間去降低成本，穩定領息進而增加股數，一路從個股走到ＥＴＦ，期間也被網友笑過「買太高、會賣股、領到配息賠了本金」的言語。

但是，至今我堅持了九年，投資效益如何我自己知道！而很多當初堅持自己作法的人有的不再堅持、有的轉為提倡做價差、有的甚至從股市中畢業不再出現。而我還在繼續存股且市值持續成長！

不知道大家是否知道巴菲特的棒球投資理念，巴菲特曾說：「那我就繼續嚼我的口香糖，你繼續做你的電腦吧！」雖然後來微軟大漲，巴菲特沒有賺到相關的商機，但巴菲特還是在自己的道路上持續茁壯，至今股神地位仍屹立不搖。我相信孫太的粉絲應該會發現到，在孫太的粉絲團愈來愈多心得分享文章，幾乎很少與他人爭辯，因為道理很簡單，還是一句話：

「辯贏你我的利潤也不會增加，講輸你我的收益也不會減少。」

我就繼續在我自己的投資道路上持續儘量做到最好，持續茁壯、成長即可不是？結論，在自己的「道」上堅持，在自己的「路」上努力，為自己的投資承擔風險，為自己的操作負責，不也是一個成熟的投資人應該做的「基本」而已。

08

我的選股邏輯

投資理財前幾年，我們的所有資金，幾乎是全部重壓在「單一產業」，多年過去了，來談談當年為何有信心集中持有一檔股票，早年很多人存金融股，我問網友為何要買？多數的人都是一問三不知，我認為無論是投資個股還是ＥＴＦ，都要很清楚這家公司主要獲利模式、營運策略以及獲利組成，若是ＥＴＦ，則要了解它的選股邏輯。

由於資金部位較大，風險考量和離開職場的緣故，我目前已進入存股階段二，也就是「不看盤、等領息、做自己」的階段，舉例是為了方便大家透過案例，去思考加速理解我們當年投資的脈絡。

●能力圈——很多人都知道，孫太早年投資失利之後，為了不想要讓貧窮世襲給小孩，所以跑去銀行上班，只希望有朝一日能夠搞懂有錢人跟窮人的差異和思考邏輯？還有金錢之道為何？所以深知銀行這個行業調性。

●護城河——臺灣的金融業，本身是特許行業，經過政府的層層把關，金融股以出資背景分為官股、民營兩種，市面上常聽到的「八大公股銀行」、「八大行庫」，當中上市櫃的官股金融股有四間金控股（華南金、合庫金、兆豐金、第一金）及兩間銀行股（彰銀、臺企銀）。試問，有政府這個富爸爸跟你一起當股東，替大家把關和監督，除非哪天臺灣沒了，不然官股倒閉的機率有多大呢？

●**業務廣**——在台灣的金融股，為金控股與銀行股兩類，以金控股的主要獲利來源，可分成三種：銀行（例如：第一金、合庫金、玉山金等）、壽險（例如：國泰金、中信金、富邦金等）、證券（例如：元大金等），所以我選擇業務範疇較廣泛且規模較大的「金控股」。

●**體質佳**——當年我很清楚自己投資的目的，是為了提早退休，所以偏好「又大又穩」，因為我本身有放貸行員的背景，所以我最關心的重點是，銀行到底放款給誰？剛好第一金的主力就是「放款」是熟悉的領域，企業放款表現亮眼，房貸和信貸放貸，客戶幾乎都是以公務人員為主，職業穩定且不太會受景氣循環影響，大大降低「呆帳」的風險。

●**夠牛皮***——以當年的時空背景作為考量，第一金長年都在二十塊附近（截至二〇二四年八月已經漲到二十七塊多），所以這也是我們當年愈跌愈買的信心來源，全盛時期曾持有八百張第一金。

● 好球帶——早年我們打造了「SOP倍數表」，作為篩選投資標的依據和買賣的工具，好的投資標的，當落入好球帶的區域，自然要用力揮棒。

最重要的一點，平時累積糧食，耐心等待好時機，一旦機會來了，毫不猶豫地立馬抓住它。

＊編註：為香港股市常用語，意指股票價格變化不大，成交量小，如牛皮堅韌，無論如何拉扯都不會有變化。
＊作者補充說明：若想進一步瞭解臺灣各家金融股的背景故事和體質，可以參考丁彥鈞老師著作的《靠優質金融股養你一輩子》，詳細記錄各家銀行的恩怨情仇和成長大事紀。

Chapter 05

金錢價值

財商 才是
決定 財富 的
關鍵字

01

不論你在哪一層，活出精彩人生最重要

常常有粉絲問我：「孫太，你覺得那個某某老師最近觀點如何？」

每次遇到這類型的提問，我都告訴對方：「我沒有想法，百花開放的年代本來就有許多不同的想法，相互尊重與欣賞即可。」

股神巴菲特曾多次公開推廣指數型基金，並稱讚約翰．伯格（指數基金之父）為投資人的英雄。我認為無論是投資還是待人處事，格局愈大積累愈多的財富和福氣，許多頂尖人士都喜歡「共好」，只有想要博取他人眼球或者創造話題性的人，才會採取攻擊的方式。

只不過，股票資產要達多少才是一個休止線，我也思考了一陣子。每個人答案可能不同，因為要看你何時遇到這個問題，以我自己來說，存股的目的是為了退休後穩定的現金流，因此只要現金流穩定、足夠，剩下的都是「多的」，接下來的步驟應該就可以漸漸的把重心放在「如何運用金錢」上，剩下讓複利滾存慢慢長大就好。

有一次看到一則新聞提及台灣財富金字塔（請參考P.188附圖），孫太看完之後的想法只有「感恩」。曾經自己也是小資族，手邊沒多少積蓄，還有房貸要背負，淨資產應該算是負債（可惜沒有表下呈現），還可以藉由「存股投資」一路往上攀升到中產階級，再到富裕層，但如果不懂得使

● 台灣財富金字塔 ●
淨資產排行榜

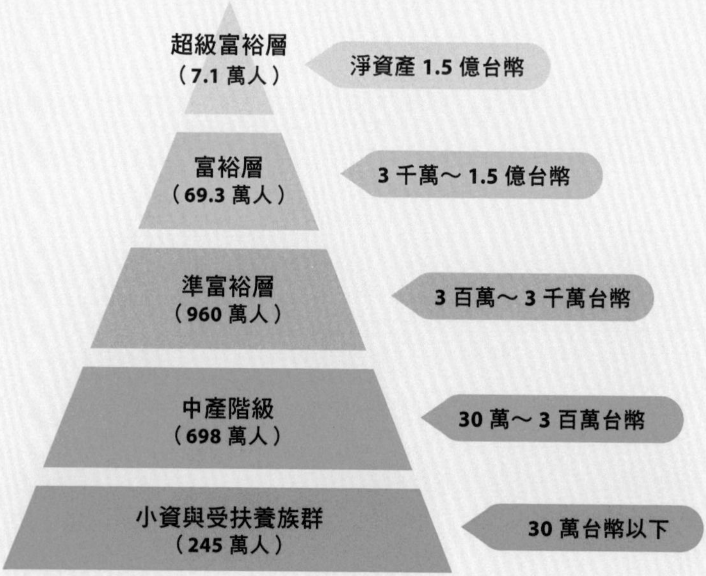

資料來源：瑞銀集團（UBS Group AG）於 2024 年公布。

用金錢，那其實生活跟小資也沒多大差異。

如果自己一直把眼光放在「前面還有這麼比我更富裕的人，我一定要贏過他們！」才算投資成功的話，那可能就會一直陷入在「老鼠跑輪」的無限追逐遊戲中。如果真的等到有機會贏過他們，過程中又要花多少時間與精力呢？而且最終自己可以花錢的「時間」也變少了。

此外，手頭是否富裕看的是個人如何「使用」金錢，有的人淨資產很高，但大多數資產都卡在房產上，手頭現金不足，生活反而很拮据，而有的人雖然房產價值不高，但手頭現金很多，現金流也足夠，懂得運用金錢，反而生活很愜意。

現代很多資訊都只有「統計大數據」的結果，這些數據可以告訴我們目前整體社會的狀態，但不代表「每個個體」就一定如此生活。我認為只要能尊重個體差異性，找到適合自己的模式、找到適合自己的生活，就是最富裕的人生。

人生真的比較不完，比出生、比就讀學校、比使用哪種手機、比誰的男朋友（女朋友）比較好、比工作、比年薪、比車子、比老公（老婆）、比房子、比小孩、比小孩才藝、比小孩課業、比小孩工作、比小孩家庭、比健康、比誰活得久。但重點在於，你生活快樂嗎？你開心嗎？這才是最重要的！

無論是儲蓄目標還是存股，都不需要跟別人比，只要跟自己比就好，每年資產有沒有比往年更進步，生活有沒有比投資理財之前更好，資產有沒有比存股之前更多，這些才是最重要的！學習理財是為了讓自己煩惱更少、投資更簡單、生活品質提升，而不是為了讓自己更加煩惱的！

提升財商、累積資產，能使自己的人生更加充實且富有。

05

金錢價值

財商才是決定財富的關鍵字

02

何謂足夠？最困難的是停止追逐

還記得我第一次達到理財目標（一千張股票）時，我當下的心情超級激動而且終身難忘，後來即便現金流跟資金規模持續擴大，卻再也沒有當年的慷慨激昂和印象深刻。

每個人會希望自己的資產可以無限擴大，金錢自然是多多益善，但有時需要一些「機遇」。而且慾望愈大，貪念也會愈大，賺了一百萬就會想要賺到五百萬，賺了五百萬就會想要一千萬，賺到一千萬就會兩千、三千萬，那最終只會陷入數字競爭和評比，永無止境的追逐而不會有休止的一天！

美國普林斯頓大學與賓州大學的研究團隊曾經有個研究證實，人們的幸福感確實會隨著年收入增加而提升。原本幸福程度只有百分之十五的人，會在得到財富後提升幸福感的幅度最劇烈；而年收入達到十萬美元（約三百多萬台幣）後的幸福感上升幅度反而最小。由此可見，幸福感確實隨著年收入增加而提升，一旦達到高原期，幸福感很難再加倍加倍的堆疊上去。

因此，我們要先釐清一個概念，究竟你投資存股的「目的」是為了什麼？為了賺錢？領息？財富自由？還是累積資產呢？以上這些目的看起來很類似，但其實意義大不相同。

我自己最初學習價值投資的目的很明確，是為了「退休」，希望自己在退休時可以擁有「穩定的現金流」，買回自己的時間和自由。因此，我選擇相對穩定的投資標的，捨棄掉部分的利潤，只為專注朝著這個方向執行。

有些人想有穩定的現金流，又想要提早退休，又想要有最高的報酬，又想要獲得最多的利潤，最後很可能會變成多頭馬車，投資方向過多過雜，最後反而變成四不像！

✦・領著穩定的現金流，過著夢想的生活

我小時候曾夢想成為一名作家，如今已出過幾本書，也算是圓了當年的夢。

目前的生活型態，雖然物質還沒十分闊綽，但減低物慾，降低享樂，生活還是可以快快樂樂，悠然閒適。

目前核心持股（ETF而非個股），每年領息兩百萬，若按較低標準來看，通通打七折，一年大約一百四十萬，平均每個月至少有十萬可以花用。以我這幾年的生活型態，除了帶小孩出國旅行及規畫小孩教育費，這兩者是支出比例最重的項目，平日裡的生活開銷，不要說每個月十萬塊，以我個人的消費習慣來說，每個月五萬塊都還有剩，所以目前的現金流對我來說是綽綽有餘的。

我認為，要想釐清自己要過什麼樣的生活，並且善用百分之四法則，若不清楚百分之四法則是什麼，請參考本書〈神奇的退休公式〉（P.160）這個章節，退休所得替代率也可以當自己的參考依據，若你可以接受降低生活水平，設定的財務目標就可以再往下調。

假設你月薪五萬塊，年薪六十萬，若使用理財工具年投資報酬率百分之四（以美國公債為基準），這樣累積一千五百萬的本金，每年就會產出六十萬的現金流（1500 萬 *4% =60 萬），你的所得替代率就會高於百分之百。若你投資報酬率更高，或者沒花完的錢就放進去本金，就可以讓它繼續錢滾錢。

✦・停止不斷追逐財務目標

當每年現金流達標之後，我一開始也不敢從職場退下來，因為最一開始我設定的目標僅希望每年擁有三十六萬，即每個月三萬塊就心滿意足。但是當真正達標時，我觀察身邊長輩的生活型態，發現年紀愈大醫療費支出愈嚇人，還有加上通膨等因素，所以調高為六十萬（一年），然而真正從職場退下，每年的被動是收入已超過七十萬，經過疫情的洗禮，逢底加碼，如今資產再次增加，所以目前每年現金流已超過兩百萬。

我不願自己此生變成一隻跑圈老鼠，離開職場後，汲汲營營追逐金錢或者不斷拉高自己的財務目標，換個環境變另一個品種的跑圈老鼠。只能說，財務規劃到後期，最困難的是要停止追逐增加自己的財務目標，以及學習如何當個聰明睿智的消費者。

03

財富的本質就是認知變現

「即使握有全世界最鋒利的刀，如果你自己的心性存在缺陷，那麼它也會成為自殘的工具……如果你擁有最精於計算的頭腦，但始終無法克服欲望的糾纏，那麼在巨額財富的重壓之下，你註定將粉身碎骨。」

——查理・蒙格

在《財富是認知的變現》一書中，作者對「什麼是財富」提出質疑的部分十分精彩。作者舒泰峰自身成長經歷相當傳奇，從記者到主編，最後又從主編華麗變身投資銀行的大佬，還有已故的蘋果靈魂人物賈伯斯，曾在里德學院的字體美術設計課當旁聽生，多年後成為麥金塔電腦和蘋果手機，塑造「優雅而極簡的美學標準」的主要原因之一，賈伯斯簡約、實用的設計理念，大放異彩且風靡全世界，許多經歷看似沒有太大關連性，然而成功卻是來自多年努力滾雪球般，最後積累成巨大的成功！最後得出來的結論是：**「一個人財富的多寡，是腦袋知識的變現。」**

二〇二三年的暑假，我們帶孩子們去歐洲旅行，因為飛行時間十幾個小時，為了避免無聊，所以出國前我在家裡下載幾部談論金錢的影集，其中《致富攻略》裡有兩個案例令我印相深刻。

第一個案例，是一位單親母親，每個月領將近台幣八十萬子女贍養費，卻曾讓自己的銀行帳戶只剩三十塊錢的困境。所以她的女兒非常擔心母親的消費方式，而幫母親報名理財課，希望能幫助母親導正理財的方式。這位單親母親讓我印象非常深刻，因為八十萬台幣不是一筆小錢，是多少上班族一年的收入，卻將這些錢揮霍殆盡，甚至因為太愛買限量精品，導致繳不出女兒大學學費。

而另一個案例是一位三十一歲的單親媽媽潘妮的故事。二〇〇〇年，潘妮每天過著被帳單追著跑，每個月最多只省得微薄的二十五美元（約新台幣七百八十元），所以將帳戶設定為「股利再投資（DRIP）」模式，潘妮在十七年後，決定創業，大家猜猜看潘妮從帳戶提領多少錢？當創業的種子基金呢？

（A）兩千五百美元

（B）五千美元

（C）一萬美元

（D）兩萬五千美元

你選好答案了嗎？

決定好了嗎？

答案是（D），約為台幣新七十八萬，年均報酬高達約百分之十七還贏過大盤，由此可見，真的不要小看每一筆看似不起眼的小錢。

經過時間的發酵和複利的效應，只要在正確的軌道上，最終會滾成愈來愈大的雪球。這支影片再次驗證人永遠賺不到超過財商範圍之外的錢，僥倖靠運氣而非實力賺到的錢，加上沒有正確的理財觀念，或不改變自己的消費型態，再豐厚的財富都有可能消耗殆盡。而反觀潘妮每個月好不容易積累下來那微薄本金轉投資，最後成為自己創業的種子基金，人生就此翻轉。

04

認清自己，選對賽道，看清趨勢

追求財富自由的過程中，相信大家都清楚知道開源節流的重要性，但為什麼卻很少人有辦法堅持自律並落地執行呢？依據這些年的觀察，不難發現許多人都是「思想上的巨人，行動上的矮子」，而且還有很多設立的財務目標太過遙遠，比方說，明明只領月薪三萬，卻期許自己工作十年後，就能擁有三千萬的退休金，可想而知，太不切實際的目標，容易令人卻步。

所以，首先要認清目前的現況，可以利用 SWOT 來盤點自身的優勢、劣勢、機會和威脅是什麼？透過理性的分析，認清自己的「能力圈和護城河」，藉此幫助自己避開劣勢，進而選對賽道（投資標的）和看清眼下趨勢哪個對自己是最有利的。

我以上一篇三十一歲的美國單親媽媽潘妮作為講解例子。

1 簡述概況（認清自己所在位置）

①基本情況和職業：潘妮是普通上班族
②投資年資和經歷：沒有投資經驗
③投資目的：存創業的種子基金
④目前持有本金：無
⑤每天可花多少時間研究股票或金融商品：無，因為潘妮上班已經超忙，晚上跟假日顧小孩，所以沒多餘心力去研究股票。

⑥第一階段財務目標：設立一個比較有機會可以達成的目標，得出來的數字是多少錢？

2 客觀分析，最多各寫三個重點

SWOT 分析表

S 優勢	W 劣勢
1. 抗壓性高／有耐性。 2. 金額小但能堅持。	1. 白天上班無法看盤。 2. 晚上／假日需看顧孩子。

O 機會	T 威脅
1. 請教理財的建議。	1. 小孩長大的花費可能愈來愈大。

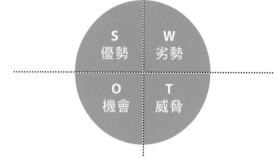

3 尋找自己適合的理財商品

由於潘妮白天忙工作，晚上和假日要陪孩子，在時間有限的情況下，在詢問投資專家建議後，她決定就算每個月只能省下微薄的二十五美元，仍堅持投資。

4 總結

經由上面的客觀分析甚至以更宏觀的視角去看待潘妮，孫太認為，若潘妮能抽出時間去進修，提升自身專業和不可取代性，能夠加速累積財富雙引擎，然後用額外賺到的錢，往自身熟悉的產業（能力圈）範圍內，尋找第二筆投資標的。

以孫太為例，曾在銀行工作，所以我的能力圈範圍內（也就是金融業），深知這個圈子的生態和營運模式及獲利模式，加上金融股在台灣是特許行業，又有政府監督，擁有強大的護城河，而金控股業務廣（包含銀行、壽險、證券、票券等），公司看好本身業績增長且利息贏過定存等優勢。

經過漏斗式的篩選和交叉比對後，當年的股價又是超級牛皮，累積張數快就會愈有成就感等多種因素，這就是我們後來選擇的投資標的為官股金控（當時第一金最多買到八百張）。

畢竟當年的孫太跟潘妮一樣，薪水都不多，用盡全力再怎麼省，每個月最多就是幾千塊，所以說與其花時間和心力研究股票，倒不如把時間留給家人和進修，投資自己並快速提升自身的含金量，成為將來升官加薪的武器。

現在換你分析自己的 SWOT 囉！

1 簡述概況（認清自己所在位置）

● 基本情況和職業：

● 投資年資和經歷：

● 投資目的：

● 目前持有本金：

● 每天可花多少時間研究股票或金融商品：

● 第一階段財務目標？（先設立一個比較有機會可以達成的目標，例如每個月現金流足以支付水電瓦斯電話費等生活開銷，得出來的數字是多少錢？）

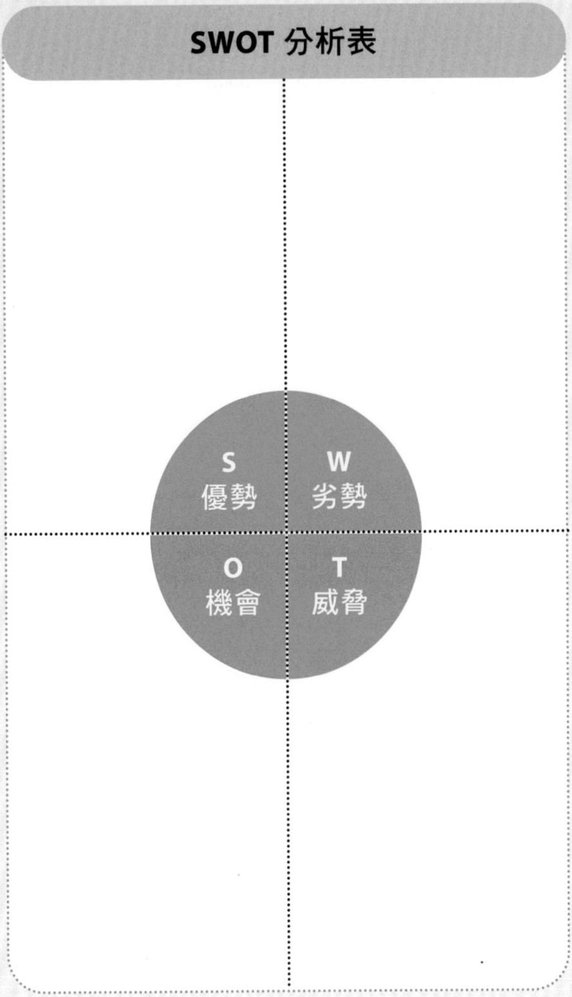

2 客觀分析，最多各寫三個重點

05

做個有紀律的長期主義者

有一回我參加孩子學校的親師講座，當時學校是邀請「蔡淇華老師」演講，了解到許多耳熟能詳的成功人士和佼佼者，除了擁有天賦更重要的是依靠後天日復一日的努力和修正錯誤，才有機會獲得如今人人稱羨的非凡成就。

近期很夯的AI議題，輝達（NVIDIA）創辦人黃仁勳就公開表示他並不是一個動作很快的人，而是一個堅持不懈的人，同時鼓勵員工要慶祝失敗，從失敗中學習並持續優化，由此可見，黃仁勳也是個超高紀律的長期主義者。

二〇〇八年一場金融海嘯導致我們夫妻倆投資失利，後來，為了不希望貧窮世襲的緣故，除了閱讀理財相關書籍，為了學習有錢人的思維和用錢之道，我還特地跑去銀行上班。

工作一段時間之後，我發現銀行對於信用良好的高收入族群，給的貸款額度高且利率又低，因為優質客戶每家銀行都在搶，反觀信用不好或者薪資條件較差的民眾，有時想來銀行借錢，給的貸款額度低且利率較高，若是長期繳款不良或負債比過高的客戶，還有很大的機率是借不到錢的。

在銀行上班的那幾年，每天靠信用卡消費明細和聯徵中心上面的繳款紀錄，就能快速判斷眼前這個人的消費習性如何？所以我當時的放貸呆帳比很低，放貸品質非常好，個人的的信用分數是滿分八百分，私下被好幾位同事請益，我想說的是，無論是投資理財的成績單還是信用分數，只要堅守紀律執行且持續累積，相信就能達到複利效應。

只要有投資理財的人，肯定都曾拜讀過股神巴菲特的大作，那麼，你知道巴菲特在他五十歲之前的財富，占目前的財產幾百億美元多少比重嗎？

（A）百分之五十

（B）百分之三十

（C）百分之十

（D）不到百分之一

公布答案，是（D）不到百分之一。

我當時是第一次知道這個資訊，感到十分驚訝，在得知股神巴菲特五十歲前，只賺到人生百分之零點二的錢，五十歲之後才獲得百分之九十九點八的資產，瞬間覺得自己人生充滿盼望，**只要持續做對的投資和正確的決策，財富就會產生複利效應。**

由此可見，要能長長久久的存活在股市，高智商不是投資理財絕對必要的條件，如果選對好的雪道就能像巴菲特和查理蒙格一樣享受時間帶來驚人的複利效應。

最後，祝福並邀請正在看這本書的你，我們一起做個有紀律的長期主義者，相互扶持打氣，成功不難貴在堅持，一起攜手前進。

Chapter 06

利他思維

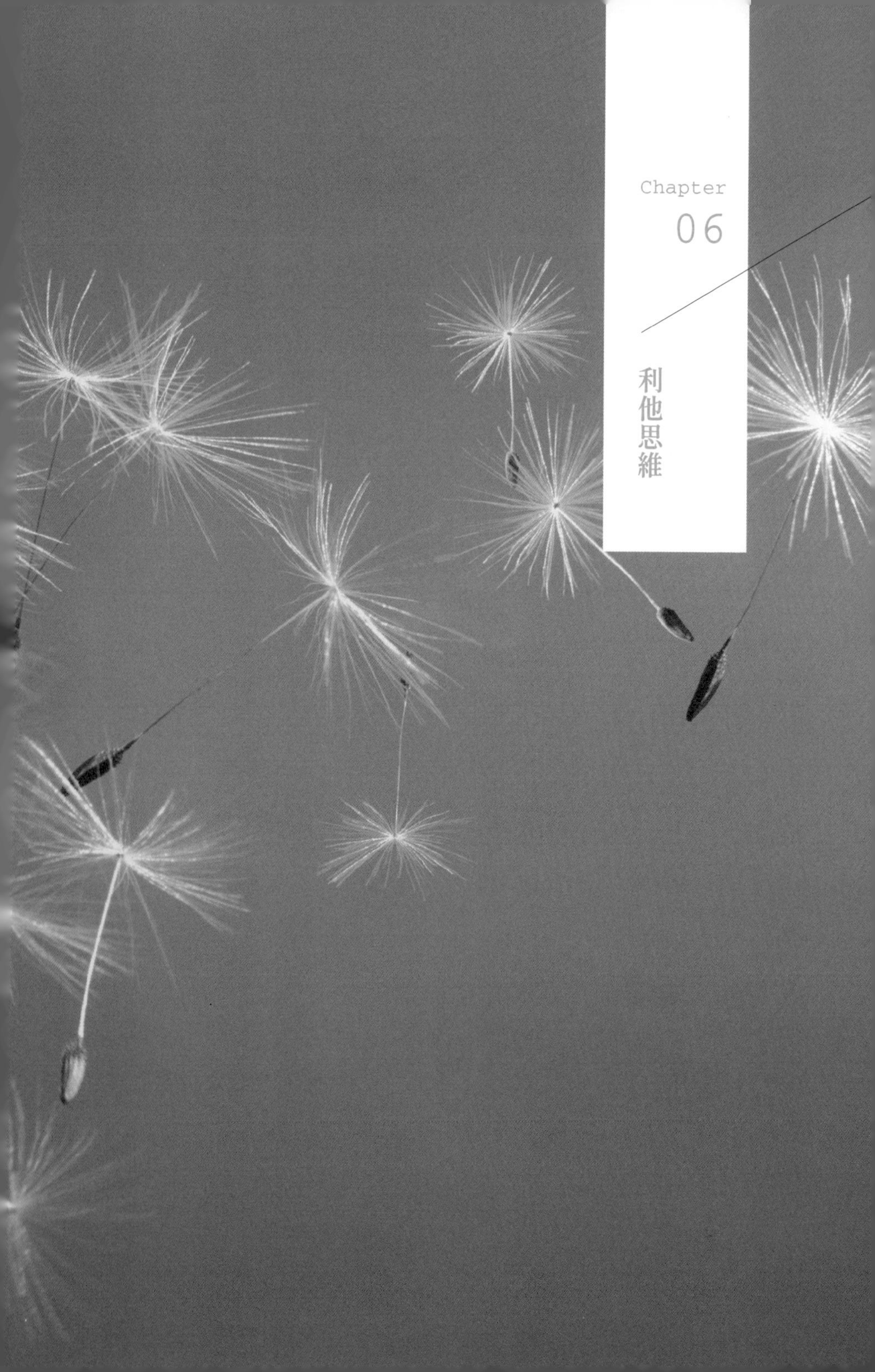

釋放善意
融入日常，
以終為始

01

轉換想法
並樂在工作

《深度職場力》這本書認為，要在職涯上擁有「熱情」是很罕見的。而依據《數據、真相與人生》書中快樂指數研究報告，人類經常從事的日常活動，以實際獲得快樂的程度作為排序，令人驚訝的是「從工作中獲得的快樂」排名第三十九名，僅勝過第四十名的「臥病在床」，由此可見多數人從工作上獲得快樂的比例真的不高。

回想我自己的親身經歷，為期二十多年的職涯生活（不長不短）經年累月的摧殘和洗禮下，我發現要找到一份錢多事少離家近，符合興趣且每天都很期待去上班的工作不容易，除非自己當老闆，否則很可能因為遇到不好相處的主管或同事、下屬，或者薪水不符合預期等多種因素，從原本的喜歡變討厭。

巴菲特說過：「跟你不喜歡的人一起工作，就像是為了錢而結婚。」由此可見，除了興趣，工作環境和遇到的主管、同事是否友善，都會產生一定的影響力。倒不如轉換自己的想法，並且嘗試用不一樣的角度，看待一成不變的工作內容，想辦法在工作職場上，與人相處和睦並且一展長才，從中取得平衡，進而發現更多的可能和熱情所在。

如果此刻的你大部分覺得自己的工作並不會帶來什麼樂趣，那我強烈建議你，**以不變應萬變並嘗試樂在工作**，因為全世界有二十六億人口都跟你一樣，需要靠工作養家糊口，而你只是二十六億人口當中的其中一位，有沒有瞬間覺得自己此刻的處境真的沒這麼悲慘了呢？

因此，何不嘗試讓自己樂在工作呢？過程中，持續進修並壯大自己的實力及含金量。

✦・好好過日子，就會有好日子

《只要好好過日子》的作者阿飛說：「往後的日子，或許依然前景未明，還會面對不同的關卡，當然也少不了糟糕的時刻。正因為日子不好過，我們更該好好過。」人生已經太不容易了，**好好過日子，就會有好日子**，若現在的日子過的不舒坦，那麼想要什麼，你就努力成為值得擁有的人。

✦・當收入不穩，工作很難能樂在其中

《財務自由實踐版》這本書提到一段話，**「我之所以能筆耕不輟，唯一原因就是我並不靠搖筆桿來賺錢繳帳單，當你收入不穩，經常為了生計提心吊膽，很少有工作能樂在其中。」**

我當時看到這段話的時候，當下內心瞬間揪了一下，如今這確實是個相當實際的觀點，若一個人連最基本的三餐溫飽都是問題，真的很少有人能做到對生活的每件事都樂在其中。

✦・從工作中獲得的體驗和感受

蓋洛普在《二〇二二年全球工作場所報告》發現一個重點，員工從工作中獲得的體驗和感受，與工作待遇的公平性、職場人際關係、工作量與

時間壓力，以及向上溝通是否順暢無礙等相關。

最後，我想與讀者分享暢銷書作家黃大米在《若你委屈自己，任誰都能刻薄你》書中提到的這段話：「**工作熱情不是天生的，是駕輕就熟後的副產品，當你把工作做好，得到主管的肯定，你就會愈來愈快樂。因為推升你精彩職場的主因，是你珍貴的實力，而不是熱情。**」

在努力的工作之後，我們總會精心規畫旅行犒賞自己，圖中所見的是奧地利的百水公寓，由著名畫家兼建築師弗里登斯萊希·百水設計，這座建築充滿了藝術與自然的融合。

02

你希望遇到什麼樣的人，那你就成為什麼樣的人

還記得，國中畢業那年，因家裡沒錢讓我繼續升學，為了存高中學費，我先工作一年，其中一份工作是在餐廳當服務生，那時只是個鄉下土包子，不懂什麼人情事理，所以不太討喜，就連負責帶我的師父（那家餐廳有師徒制）也都刻意保持距離。

有一回我被燙到手，右手臂馬上起了一個非常大的水泡，範圍大約寬五公分長十公分，當場痛到眼淚直流。但因為當天是假日，餐廳生意非常好，客人絡繹不絕一直來，有位資深前輩，馬上帶我去沖冷水，並在燙傷的部位抹香油。

因為燙傷面積不小，店內沒有處理這種大傷口的藥，有同事建議我直接請假去醫院或藥局處理燙傷，結果被當時的值班主管（那天店長不在）以假日客人太多，臨時請假會被扣全勤獎等理由給婉拒。就這樣，我的手頂著一個大水泡，用沒受傷的左手收拾碗盤，直到餐廳打烊之後，才去藥局買藥處理傷口。

經過二十多年的精心保養，被燙傷的右手臂，已經看不到什麼疤痕，只剩一個淡淡的小疤痕。當時這個事件帶給我影響非常大，當下年僅十五歲的我暗自許下承諾，將來只要別人有求於我，在能力所及之處，就盡可能給予幫助與溫暖。

✦・與其羨慕，不如成為

如果，當時有人願意站出來，替我跟主管多說幾句話，即便之後被值班主管拒絕，我在當下，也不會感到如此絕望。如同《內在成就》書中寫的這段話：**「你希望遇到什麼樣的人，那你就成為什麼樣的人」**。自那時候起，每當發現身旁有人處於徬徨無助的時候，我就會主動靠近表達關心，讓對方訴訴苦，面對下屬遇到困難時，就會主動伸出援手，不求任何回報的幫對方一把。畢竟人在江湖走，誰能不溼鞋？

想起早年我在銀行上班時，非常敬佩分行經理為人博學多問且謙遜有禮。當時我只是個小小職員，向經理請教事情和職涯發展時，經理都會不厭其煩，親自回覆 mail 給我。為了變成一位像分行經理一樣優秀的人，我展開好幾年的學習計畫，除努力考取金融證照之外，為了更有系統的提升金融專業和素養，跟老公討論並獲得支持之後，還花了五年的的時間，利用假日回學校進修。

我很清楚自己身為職業婦女，得擔任幹部這樣出席率才會高，因為必須以身作則。更重要的是，我知道自己向來有責任感，唯有當幹部才比較有機會順利畢業。後來學校畢業幾年後，我離開銀行並轉職，看到一份很喜歡的工作，於是投遞履歷，面試第一關之後被刷下來，多日後沒有下文。我想到有位滿臉笑容且熱心助人的隔壁班班長J，是在有名的集團裡面擔任人資長，於是主動聯繫J，除了開誠布公自己當時的工作資歷，目前已經擁有哪些的專業證書，接受過的課程及培訓，再請教J，如果要順利拿到那份內勤工作的職缺，我還需補強哪些專業或技能、不足之處有哪些？

跟J談過之後，她直接將我引薦給分公司的負責人，我倆一見如故且相談甚歡，加上我的專業背景和應對得宜，最後被當場錄取。原本只是抱著虛心討教的心態向J請益，卻沒想到意外迎來一份心儀的工作，且一待就是好幾年，誠如《這世界很煩，但你要很可愛2》這本書說的**「江湖路遠，多個朋友多條路」**，平日盡自己所能伸出援手和付出，未曾想這份善意就在某天又回到自己身上。

如今，即便離開職場多年，仍會接到幾通前任主管和同事，希望我回公司的邀請，甚至之前同事跳槽到別家公司當主管後，也會邀請我再續前緣一起工作。我無論是離開公司或任何團體，都盡量只說對方的好話，曾國藩說過：**「話不說盡有餘地，事不做盡有餘路，情不散盡有餘韻。」**

俗語說：「人情留一線，日後好相看」。若真的圈子不同，亦無須強融，當個點頭之交，勿逞一時口舌之快，否則付出的代價就是，要花數倍甚至百倍的時間（能量）去對付那些負能量，就問問你，把人生耗在這些不重要的人事物上面，值得嗎？

最後，引用《蒙格之道》書中這段話做為結尾：**「無論環境如何，順其自然，盡力而為，這才是正確的人生態度。每個人都有屬於自己的機會，如果你活得夠久，你總會遇到屬於你的機會。」**

03

生命中的每個契機，都有可能成為人生的轉捩點

「人生就是一連串逆境，每一次逆境都是讓我們變得更好的機會。你想得到某樣東西，最好的辦法是讓自己配得上它。在手裡拿著鐵鎚的人眼中，世界就像一根釘子。」——查理・蒙格

在天下雜誌七四五期有提到一個數據，根據日本經濟產業省資料，日本企業經營者的引退年齡平均為七十歲。到二〇二五年，七十歲以上的中小企業經營者約有兩百四十五萬人，其中約有一百二十七萬人都未決定繼承者；因找不到接班人而預計結束營業的，也占了大半。

談到「個人成長」，我相信很多人一定會聯想到「榜樣」。常言道，上樑不正下樑歪，由此可見，除了自身競爭力重要，找到一位合適的榜樣及心中敬佩且認定的導師顯得非常重要，那麼，到底要找什麼樣的人，當自己的榜樣呢？而《創新第一課，模仿——成功者的逆轉關鍵》書中表示「觀察他人言行並加以模仿，至少有兩個好處，降低風險跟縮短學習時間。」這點我非常認同，我在〈人生就是一連串逆境，每個逆境都讓我們變得更好〉章節（P.16）曾提及我國中畢業那年，離開家鄉跑去大都市開啟全職工作的人生的這段經歷。當年餐廳店長推薦我閱讀嚴長壽《總裁獅子心》這本書。

因為當時年紀小又單純，在餐廳當服務生，聽到嚴長壽在飯店工作（同為服務業），這樣的背景顯得格外親切，敬佩嚴長壽僅憑高中學歷，從基層小弟，華麗變身成為亞都麗緻大飯店的總裁。嚴長壽成為我當年最重要的精神支柱和模仿對象之一，當時店長安排我上大家都不要的兩段班，所以有很長一段時間中的空班（休息時間），沒事就都在圖書館看書、聽演講，為了能靠偶像嚴長壽近一點，只有國中畢業的我，決定繼續升學。

我在《總裁獅子心》書中學到最重要的觀念就是，「永不放棄」這四個字，就這樣，努力打工存了一年學費，甚至還跑去挑戰自己最不擅長的會計，強迫自己了解一些成本概念，未曾想一本書影響一個人如此之深，我的一生就此翻轉。

時間快轉至二〇〇八年，那年我家二寶剛出生，當時我們夫妻倆面臨人生中第一場大股災（金融海嘯），投資失利外加被裁員，導致家裡財務陷入困境。因為不希望貧窮世襲給小孩子，我大量閱讀各類這種財商書籍，但這時我不害怕，因為當年的「永不放棄」這四個字，已經深深烙印在我的DNA，慶幸當年所學專業是會計，有了後來到銀行上班的機會。所以當年的一本書，我不但讀進腦子裡，還花了很多年的時間用生命去實踐它。出社會後，發現每個人都像一本好書值得細細品嚐。我認為成長最快的方式，就是先放下自我，多跟各行高手學習，持續優化自己的所見所聞。

在財務目標達成後，我已不再追逐財富上的增長，而是開始尋找自己真正想要的生活和角色是什麼呢？人過中年（有的人可能更早）就會開始產生許多疑惑，我也不例外。

自行摸索幾年後，一直沒找到答案，直到遇見愛瑞克的書《內在成就》，當時是我裸辭工作離開職場的第三年，卡在心中多年的疑問，瞬間得到答案，書中提到的這段話：**「人最大的運氣不是撿到錢，而是某天你遇到了一個人，他打破了你原來的思維，提高了你的認知，進而提升你的境界，帶你走向更高的境界，這就是你人生的貴人。」**

我認為可以進一步解釋為**「遇到的人事物，哪怕是一句話，甚至是困境，只要能引發自己重新面對此刻人生的勇氣，進而開始去思考下一步該怎麼走都算，這些都很有可能變成你人生非常重要的一個轉捩點。」**

由此可見，無論是一本好書，一個偶像，一位正能量的名人、一名良師益友，那怕只是一段話，都足翻轉了一個人的人生，幫助你超越生命中的困境，在面對人生最痛苦的挑戰和失敗時，還能快速轉念升高維度，甚至將絆腳石轉化成為幫助自己邁向成功的墊腳石！

現在，邀請你一起來思考。
現在的人生有遇到什麼困難嗎？
有什麼想要學習的名人偶像或一本書嗎？
名人偶像身上有什麼特質呢？書中哪段話讓你印象最深刻呢？

範例

我國中畢業那一年，遇見《總裁獅子心》這本書，我把嚴長壽當成偶像，書中提及的「永不放棄」的精神和「垃圾桶哲學」，深深影響著我。從此讓我開始存錢並決定升學，而「垃圾桶哲學」，每當工作時遇到不公平對待時，我會將把大家不願意做或不想做的事都接手處理好，從中累積加倍的經驗值，所以我的同理心比一般人更敏銳。

04

降低標準，贏得每天的個人成功

在書寫這本書的過程中，我改來改去改了無數遍，進度不如預期時，內心也感到非常焦慮和痛苦，甚至影響睡眠品質，脾氣也變得比較暴躁。當時悟天就告訴我：創作應該是一件開心的事，妳現在又不是靠寫書吃飯，沒必要為了寫作影響生活。事後我才發現，原來這就是俗稱的：拖延症，也是困擾許多人的課題。

從心理學來看，心理師余佳容認為造成拖延症（procrastination）的主要原因有三點：**情緒影響、時間感知、自我效能感**，並且有五種類型，分別是「過分焦慮、完美主義、太過於善良、瞎忙、隱性拖延」。拖延症一旦發作，就會很容易陷入拖延、焦慮、自責的惡性循環，甚至情緒內耗的狀態。

有一次我參加《與成功有約》的線上讀書會，有一集的節目是邀請學姐 Carol 當來賓。Carol 說有許多人非常佩服她每天有辦法早起跑五公里，她一直不覺得有什麼，「只不過」是每天早上送孩子出門上學之後，接著出門跑半個小時「如此而已」，真的一點都不難，運動完洗個澡，還有時間吃個早餐，因此完全不影響工作。

我聽到這個觀念，發現能夠堅持運動習慣，其中最大的關鍵在於「贏得每日的個人成功」，或許對她來說跑五公里很容易，但以我這個沒什麼運動經驗的人來說，第一時間先降低標準，一開始就要求自己跑五公里太困難，先從每天走十分鐘開始呢，是不是瞬間覺得容易許多呢？

有段時間為了提升健康和肌耐力，所以我開始爬山，請大家不要誤會，我並不是個喜歡運動的人，而且對一個待辦公室吹冷氣長達二十年的職業婦女來說，突然要改變生活型態，實在不太容易，直到二〇二三年的七月，我帶孩子們去歐洲旅行，每天至少走路一、兩萬步，旅行期間我的腳每天都超級痛，意識到自己的肌耐力不太行，回國之後才真正發現到自己運動強度不足這個問題。

有一次年長十幾歲的好姊妹帶我去爬山，爬山對她而言顯得相當輕鬆，我卻爬到臉色蒼白，一段路休息好幾次。那一次讓我深刻明白身體的肌肉不會平白無故出現，靠的是日積月累的訓練和堅持，後來為了努力趕上好姊妹的程度，我便開始學習一個人爬山，每週至少爬山一到兩天，為期好幾個月，直到有一次爬山踩空時不小心摔斷腿，被迫停止獨自爬山這件事。

休養復健好幾個月，然而那時候的我同步檢討自己當時的疏忽。像是，爬山的地點我個人去太多次，除了獨自一人前往，輕裝簡便就出門，當天沒穿戴登山專用的長襪和抓地力好的登山鞋，導致踩空拐到腳。還好遇到熱心山友提供止痛藥並且用毛巾替我固定腳踝，才順利下山。

回家後發現，腳痛到無法走路，驚覺不對勁，請老公送我去醫院照X光片，才知道竟然是小腿閉鎖性的完全骨折，但好好配合醫生做治療和復健，如今已逐漸康復。

我永遠忘不了醫生說可以拆石膏、靠輔助器開始練習走路的那一刻，我激動到眼淚差一點掉下來，當下的設定目標就立刻降低標準變成「能夠正常走路」，然後再慢慢加強自己的目標，我相信自己終有一日會回歸山林的懷抱。

無論是運動還是財務目標，很多人無法堅持，很大的原因是因為一開始設定的目標過於困難，最近深刻體認到，運動跟投資理財一樣，靠的是日積月累的堅持，不要高估一天所能達到的成就，但也不要低估一年所能累積的效果，試著先降低標準，只需期待自己每天進步一點點，即使看似很不起眼，三百六十五天下來所產生的複利效應很驚人。

設定目標後，每天一點一滴努力，以長期思維執行，隨著時間推移就能產生複利效應。

05

付費學習，尋求更有智慧的解決之道

我在銀行時期認識的一位前輩L，是個很位很講義氣的姐妹，加上彼此都有孩子，有很多共同話題讓彼此愈走愈靠近，我便開始放下心防，跟L請教有關教養孩子以及婆媳相處方面遇到的一些困難。

前幾次L都會耐心傾聽，甚至出謀劃策給予一些實質建議，後來開始以禮相待，並好言相勸鼓勵我去閱讀教養及溝通主題的書籍，因為有很多觀念必須融會貫通內化成自己的價值觀，才不會讓自己時常陷入同樣的困境。最後L推薦我去進修「親子教養、愛之語、設立界線、溝通表達」方面的課程，我聽完覺得非常有道理，那幾年所有特休，幾乎全拿去進修和上課。

我有個習慣，就是學以致用，同樣的，每堂課我會覺得自己既然專程請假來上課，一定要想辦法物盡其用，為了讓每堂課都能產生最大的功效，每次上課我都會要求自己盡量坐在第一排，不然就是當幹部，有什麼地方不懂就提出來討論，最重要的是把課堂上老師教的觀念，拿回家用。

有一回，我去參加愛之語相關的課程，第一天上課時，講師請我們列出一個最近讓自己感到最煩惱的人際關係。當時家中長輩對孩子教養的方面的想法，以及對媳婦的期待讓我無法喘息，這件事我感到痛苦萬分，也導致夫妻之間產生衝突。那時候，每週都有不同的功課，有時是「買一份家人愛吃的點心回家」，有時是「一週至少三天，每次花三十分鐘陪對方說話，傾聽時要發自內心的有耐心」。

一開始每次聽長輩訴苦憶當年，是真的蠻痛苦的，分分秒秒都在倒數時間，所以我先降低標準，從三分鐘開始練習，然而聽到後來會發現長輩開始跳針，且講的內容都大同小異，不斷重複年輕時的困境和從小到大種種的不容易，但也漸漸的就開始明白長輩當年的時空背景，導致一些生活習慣漸漸的就定型（無論好或不好的習慣），說來也神奇，之後的跟長輩講話時，內心會不自覺產生：「長輩年輕時，也曾經歷過很辛苦和困苦的人生階段」當下內心就多一份柔軟和同理心。

後來上課時，許多人聽到我跟長輩相處的故事，從最初一開始三分鐘強迫自己聆聽長輩說話聊天，到後來最高紀錄，能夠單次連續三小時的聊天，都說這不但是極大的進步，甚至還用「神蹟」來形容我的改變。

講師接著要我學習「表達感謝」，並請大家多想想你目前遇到困境的人際關係，對方的優點？因為當時我急迫要解決的是婆媳問題，所以在理性思考下，我列出了幾個優點，在此分享提供給大家參考。因為我在那段時間，透過聆聽婆婆分享的種種往事和討人情當中尋找幾個我認同的客觀事實。

我婆婆曾多次提及當年經濟條件不好，我老公的到來讓原本艱困的生活更加雪上加霜，以及提到在我們經濟非常困難的階段，她有幫忙帶小寶，讓我們夫妻倆得以專心打拼事業（無論孩子帶得好不好），以旁觀者的角度去客觀看待這個事實，長輩有給予實質幫助。

某一日，我鼓足了勇氣，握住婆婆的手，主動表示自己年少輕狂，很多地方做得不周全，除了表達歉意，並真誠的表達我對她的種種感謝（僅理性表達客觀事實）。

說來也很神奇，透過一次又一次的練習，婆媳之間的關係似乎就變得沒這麼僵硬。操練愛之語的過程中我也曾主動提議當司機，專程帶母親和婆婆一同到外縣市出遊，平日也會陪婆婆去菜市場採買食材，幫忙提菜等等。

每段關係都是相互的，自古婆媳問題是個千古難題，我很慶幸自己當時跟有經驗的前輩求助，並且接受對方的建議，透過付費去上課尋求更有智慧的解決之道。期盼透過我的分享，讓大家明白一個道理「世界上沒有永遠的朋友或敵人」，很多關係是無法切割的，與其讓彼此處於敵對的狀態，何不嘗試突破困境並尋求其他更有智慧的解決方法呢？

直到現在孩子已經上高中了，婆媳之間的關係，誠實的說，沒有到達把酒言歡的程度，但目前聽婆婆講幾句話，心理至少不會像當年那般痛苦煎熬，後來在遇到一些困難時，婆婆甚至還會主動出面替我說話，一起去說服老公。

在《有技巧的努力，回報翻倍》這本書也表示「儘管你因為無法操控一切感到焦慮，卻是徒勞無功，既然如此，不如放下一切。這世上多的是自己無法掌控的事物，正因如此，你才要避免在這些地方白費力氣，而是應該集中精神掌控自己。與此同時，你還要持續思考自己可以做什麼。」我看到書中這段話時，深深有感當年的我，亦是以「最壞不過現在這樣」的心情去思考自己能做點什麼？

若你跟我當年一樣陷入困境，我強烈建議你去尋找一位導師或有經驗的前輩，向他詢問解決之道，若真的沒人可問，那就付費去上相關主題的課程。放手一搏，尋求更有智慧的解決之道，抱持著「最壞不過現在這樣」的心情去進修，相信我，說不定還能幫助你早日突破困境，甚至跟我當年一樣，化阻力為助力。

06

想成為一流，就學習一流人士

二〇一六年，我為了提升口語表達和上台授課的能力，我跑去參加張惠玲老師和孫麗龍老師，共同授課為期八週的講師班課程。讓我印象最深刻的是，有一回孫麗龍老師在課堂上講的一段故事：

二十幾年前，曾去參加一場年輕有為企業主的演講，演講結束後，有位年邁的日本企業家，遠遠的就開始行九十度的鞠躬禮，講者看到之後連連扶起這位日本企業家，並詢問對方有什麼地方需要協助的？

只見這位日本企業家一臉憂心的緩緩道出自己目前遇到的困難：我如今已七十歲一直想退休，我心中有三位接班人的人選，遲遲無法確定要哪位接班，面臨接班危機，不知到底要給誰接棒。這位講者請日本企業家簡單描述三位候選人的專業背景和人格特質。

日本企業家說：

第一位人選，主要是負責國外業務，應對能力與抗壓性佳，成本概念相對較不足。

第二位人選，主要是管公司的所有財務，會計部負責人，個性保守且嚴謹，做事條條有理，數字概念相當好。

第三位人選，負責國內的所有業務，個性溫和，具備溝通能力與抗壓性，業務拓展能力中等。

當時孫老師請我們分組討論，思考如果我是這位日本企業家，會選誰當你的接班人？理由是什麼？

我們一群學員在台下討論的非常踴躍，最後大家紛紛投票表說明自己選某位候選人的原因，三位候選人都有人投票，每個人都覺得自己的選擇是最好的。

最後，孫麗龍老師公布答案，當時講者的回覆是：

「我比您年輕，管理企業的年資比您還短，但如果是我的話，會選擇那個『持續有在學習和成長的那個人』因為任何專業，只可以靠時間勤能補拙慢慢學習，唯有人格特質很難短時間快速養成，我認為終身學習是一種習慣和態度，代表這個人的抗壓性和創新能力會持續進化，換言之，若要開創企業格局，創新和抗壓性是非常必要的人格特質。」

就這樣，這位年邁的日本企業家，聽完講者的一席話，眼神露出感激。

當時我代表我這一組上台表達看法，並且接受底下其他學員的反駁，進入一場非常劇烈的抗辯，後來聽完孫老師的解釋之後，在場每一位學員都甘拜下風，讓我印象非常深刻。

從那一刻起，我跟張惠玲老師和孫麗龍老師學習，而且每年至少會擬定一個學習主題、考取一張證照或者進修某項專業。如今即便離開職場，依然不敢忘記當年兩位老師的教誨，每年都有自己的學習主題，自詡自己是終身的學生，至今多年如一日未曾中斷。

07

動機良善，了無私心

多年前我還在職場時，所任職的公司，老闆要求所有管理階級的主管，都必須參加公司內部的讀書會，其中一位高階主管，分享稻盛和夫的書籍，那是我第一次接觸這位「經營之聖」。

稻盛和夫一生創辦了兩家知名企業，分別是京瓷、日本電信公司第二電電（現 KDDI），讓我印象最深刻的事蹟，是稻盛和夫於古稀之年臨危受命，最後奇蹟般順利拯救瀕臨破產的日航，過程中僅用了四百二十四天轉虧為盈，創造高達一千八百八十四億日元的利潤，甚至不到三年時間內，讓日航重新上市重返榮耀全球第一線航空公司之列。

讓我更驚訝的是，稻盛和夫晚年卻希望世人不要一味只吹捧豐功偉業，而是希望大家都能謹記，他是如何走過曾經面臨的困境，並鼓勵大家都要：「動機良善，了無私心」。

✦・用偉大的愛做小事

細數台灣，也有許多令人敬佩的人物，像是台東的陳樹菊阿嬤，一個人一雙手靠賣菜就有辦法捐千萬善款，以及嚴長壽先生退休後，開始投身台灣教育及公益令人敬佩，傑出青年沈芯菱，小學五年級的年紀，不忍文旦滯銷所以架設網站替農民賣農產品等等，以及許許多多低調做愛心的慈善家，由此可見，落實「自我實現」價值觀只要動機良善，是不分國界的，上述舉了幾個簡單例子，每一位都是心懷眾生，就像德蕾莎修女一樣，即便常常無法做偉大的事，但可以用偉大的愛去做一些小事。

・行善的蝴蝶效應

如同電影《讓愛傳出去》，最初源自於一份學校老師的作業，主題是：如何改變這個世界？這位七年級的小男孩聽完之後，決定無償幫助三個人，沒想到意外產生一連串的蝴蝶效應，劇情相當動人，相當推薦大家去找來看。

離開職場後，前幾年又歷經疫情的洗禮，便鮮少出入公眾場合，於是我將這份助人的心，放在「孫悟天存股-孫太」粉專和社團回覆粉絲提問，多年來不曾間斷，說來也很神奇，每次遇到困難時，我身邊總會出現天使，二〇二三年我爬山不慎跌倒導致行走困難，陌生的女山友主動對我伸出援手，當我的枴杖，就這樣，陌生的女山友一路攙扶我走到山下，整整一個多小時，讓我感受到滿滿的善意，我們後來成為朋友，並約定等我腳好了，再一起去爬山，體驗山林之美。

最後，用德蕾莎修女的話做結尾：「愛自己，愛他人，愛生命裡一切需要愛的事物，不要任何理由。哪怕生命微小到只是一根細小的燈芯，燃燒了，就能照亮自己，也能照亮他人。甚至，你還可以嘗試去照亮一個世界。」祝福每位正在閱讀此書的你，除了照亮自己也照亮他人，一起成為溫暖且良善的人。

從今天起，只走花路，為我自己而綻放

省錢起家的我，這幾年最大的功課，就是練習如何花錢？

以前花錢都要考量CP值，追求品質好的同時又希望價格實惠。所以開始嘗試著練習，從日常生活中花一點小錢提升生活的幸福指數，去體驗和感受，然後告訴自己「你值得」。

一路走來，沿路佈滿許多荊棘和泥濘，過往也累積許多悲傷和痛苦，但都成為我持續向前的動力和養分。如今我的內心充滿許多感恩，感謝過去的我，是如此的認真和努力，這幾年花比較多時間上課且採取主題式的閱讀和學習，更多的去認識自己，了解自己到底要的是什麼？

維持自己的生活步調，把時間留給自己喜歡人事物，讀自己想讀的書以及上課時老師推薦的「相關書籍」，還有如何提升生活品質和質量相關的主題等。

當然，保有上課進修和參加讀書會這個習慣，持續往內心探索，去覺察偶爾跑出的負面情緒，有學過心理學的應該都知道，那些莫名的情緒，其實有時是求助的訊號。

那些都是我這幾十年累積的痛苦和委屈、壓力、完美主義等造成的，我知道自己的身體偶爾會抗議，像是過敏和腰痠背痛等，我把身體的不舒服都視為一種「訊號」，在覺察這些情緒之後，坦然地承認，接著通通認回來並表達感謝，最後跟內在的情緒和解並合一，慢慢的發現自己的內心變得更加自在和坦然。

這幾年最深刻的感悟是，世界上最難搞的，其實不是別人，是自己，認識自己，學會如何愛自己，我真心覺得是一門非常重要的學分。

從今天起，只走花路，為我自己而綻放。

「你那年少時美麗的季節，看看這裡因為已經美麗地綻放，即使花瓣掉落在地面上，我也只會讓你行走於花路之上的。」Flower Way（꽃길／花路）

祝福每位朋友，從今往後，行走於花路之上。

後記

從今天起，只走花路，為我自己而綻放

【附錄一】參考書目

- 《蒙格之道》作者：查理．蒙格（Charles T. Munger）；譯者：RanRan；出版社：天下文化
- 《內在成就》作者：愛瑞克；出版社：天下文化
- 《原子習慣》作者：詹姆斯．克利爾（James Clear）；譯者：蔡世偉；出版社：方智
- 《總裁獅子心》作者：嚴長壽；出版社：平安文化
- 《牧羊少年奇幻之旅》作者：保羅．科爾賀（Paulo Coelho）；譯者：周惠玲；出版社：時報出版
- 《與成功有約：高效能人士的七個習慣》作者：史蒂芬．柯維、西恩．柯維（Stephen R. Covey, Sean Covey）；譯者：顧淑馨；出版社：天下文化
- 《最後十四堂星期二的課》作者：米奇．艾爾邦（Mitch Albom）；譯者：白裕承；出版社：大塊文化

● **《死前會後悔的 25 件事》**作者：大津秀一；譯者：詹慕如；出版社：天下文化
● **《我修的死亡學分》**作者：李開復；出版社：天下文化
● **《走吧！去做你真正渴望的事》**作者：艾莉森・路易斯（Allyson Lewis）；譯者：顏和正；出版社：天下雜誌
● **《檯面下我是這樣投資》**作者：喬許・布朗、布萊恩・波提諾（Josh Brown, Brian Portnoy）；譯者：聞翊均；出版社：樂金文化
● **《致富心態》**作者：摩根・豪瑟（Morgan Housel）；譯者：周玉文；出版社：天下文化
● **《內在原力》**作者：愛瑞克；出版社：新樂園
● **《斷捨離》**作者：山下英子；譯者：王華懋；出版社：平安文化
● **《俯瞰力》**作者：山下英子；譯者：王華懋；出版社：平安文化
● **《五種愛之語》**作者：蓋瑞・巧門（Gary Chapman）；譯者：中主編輯部；出版社：中國主日學協會
● **《生命的答案，水知道》**作者：江本勝；譯者：長安靜美；出版社：如何

- **《挑戰真愛：挑戰夫妻活出真愛的 40 天歷程》**作者：史蒂文・肯瑞克、亞理斯・肯瑞克、勞倫斯・金普羅（Stephen Kendrick, Alex Kendrick, Lawrence Kimbrough）；譯者：薛立璇；出版社：保羅文化
- **《洛克菲勒寫給兒子的 38 封信》**作者：約翰・D・洛克菲勒（John D. Rockefeller）；譯者：馮國濤；出版社：布克文化
- **《跟錢好好相處》**作者：薇琪・魯賓、喬・杜明桂（Vicki Robin、Joe Dominguez）；譯者：王之杰；出版社：商業周刊
- **《富爸爸，窮爸爸》**作者：羅勃特・T・清崎（Robert T. Kiyosaki）；譯者：MTS 翻譯團隊；出版社：高寶
- **《45 歲退休，你準備好了？》**作者：田臨斌（老黑）；出版社：時報出版
- **《存股輕鬆學 2》**作者：孫悟天、孫太；出版社：幸福文化
- **《提早退休說明書》**作者：嫺人；出版社：Smart 智富
- **《諾貝爾經濟學獎得主的獲利公式》**作者：伊恩・艾爾斯、貝利・奈勒波夫（Ian Ayres、Barry J. Nalebuff）；譯者：陳麗芳；出版社：樂金文化
- **《別把你的錢留到死》**作者：比爾・柏金斯（Bill Perkins）；譯者：吳琪仁；出版社：遠流

- 《靠優質金融股養你一輩子》作者：丁彥鈞；出版社：Smart 智富
- 《財富是認知的變現》作者：舒泰峰；出版社：中國紡織
- 《深度職場力》作者：卡爾．紐波特（Cal Newport）；譯者：洪慧芳；出版社：天下文化
- 《數據、真相與人生》作者：賽斯．史蒂芬斯－大衛德維茲（Seth Stephens-Davidowitz）；譯者：李立心、李力行；出版社：商周出版
- 《只要好好過日子》作者：阿飛；出版社：悅知文化
- 《財務自由實踐版》作者：沈慧卉、梁宏峻；出版社：方言文化
- 《若你委屈自己，任誰都能刻薄你》作者：黃大米；出版社：寶瓶文化
- 《這世界很煩，但你要很可愛 2》作者：萬特特等；出版社：幸福文化
- 《創新第一課，模仿—成功者的逆轉關鍵》作者：井上達彥；譯者：邱麗娟；出版社：臉譜
- 《有技巧的努力，回報翻倍》作者：塚本亮；譯者：蔡麗蓉；出版社：幸福文化

【附錄二】精彩語錄

✦對於任何一個領域來說，不一定要到滿分十分的知識或能力才可以教人。等級三、四分的人能教零分至兩分的初學者，通常尚無基礎的群眾人數還是最多的。有廣大的初學者，也就需要為數眾多「入門」等級的教練來施教。

✦生命不是單一面相，而是由許多「瞬間」的每個你，成為此刻的自己。

✦要得到自己想要的東西，最可靠的方式，就是讓自己配得上它。

✦閱讀是脫離貧窮、開啟世界之窗的改變力量。

✦當你真心渴望某件事，整個宇宙都會幫你完成。

✦生命中的絆腳石若順利跨越，必成為你將來邁向幸福的墊腳石。

✦當我真實地在追尋夢想時，一路上我都會發現從未曾想像過的東西，如果當初我沒有勇氣去嘗試看來幾乎不可能的事，如今我就還只是個牧羊人而已。

✦只有你能創造自己，只有你能決定今後的人生。

✦如果今天就是生命的盡頭，將如何選擇過這一天呢？

✦只要你學了死亡，你就學會了活著。

✦脫去虛名與成就，你的人生還剩下什麼？

✦這一場大病，把我推到生命的面前，一次次的質問：脫去這些虛名與成就，你的人生還剩下些什麼？

✦向死而生，當你無限接近死亡，才能深切體會生的意義。

✦方向不對，努力白費。

✦別人如何定義，並不重要，最重要是你如何定義你自己。

✦人生中最重要的事其實就是你的價值觀。

✦每一個人都要先釐清自己腦袋裡的價值觀，經過反覆練習和提醒，才有機會慢慢的將價值觀深刻烙印在腦中。

✦人生不能重來，愛要及時說出口。

✦最值得的投資，是建立回憶和關係。

✦人生最基本要擁有的三個要素，分別是「時間、健康、金錢」。

✦父母親送給孩子最好的禮物，除了穩定的情緒，最重要的就是「健康生命力」。

✦對我來說人生如同一個圓，投資理財只是生活中的一小塊，每個面向都要兼顧，才能取得平衡。

✦清晰的夢想是有力量的，要相信，任何問題都有四種以上的解決辦法。

✦人世間的相遇，都是久別重逢。人生沒有奇蹟，只有不斷累積，生命是持續而不曾間斷累積的過程。

✦如果用自己的時間，你會怎樣思考人生？

✦如同你搭著飛機，升高自己的立足點，由上而下俯視地面，切換不同距離，眼前的事物就會有所不同。

✦你們是弓，你們的孩子是被射出的生命的箭矢。
那射手瞄準無限之旅上的目標，用力將你彎曲，以使他的箭迅捷遠飛。
讓你欣然在射手的手中彎曲吧；
因為他既愛飛馳的箭，也愛穩健的弓。

✦不為金錢之奴，讓金錢為你服務。

✦別把燦爛的煙花，當成永恆的星光。

✦有明確的財務目標是非常重要的事。

✦「以終身角度，分配投資比例」的作法，就是「生命週期投資法」。

✦人無法賺到認知以外的錢。

✦工作熱情不是天生的，是駕輕就熟後的副產品，當你把工作做好，得到主管的肯定，你就會愈來愈快樂。因為推升你精彩職場的主因，是你珍貴的實力，而不是熱情。

✦你希望遇到什麼樣的人，那你就成為什麼樣的人。

✦江湖路遠，多個朋友多條路。

✦話不說盡有餘地，事不做盡有餘路，情不散盡有餘韻。

✦無論環境如何，順其自然，盡力而為，這才是正確的人生態度。每個人都有屬於自己的機會，如果你活得夠久，你總會遇到屬於你的機會。

✦人生就是一連串逆境，每一次逆境都是讓我們變得更好的機會。你想得到某樣東西，最好的辦法是讓自己配得上它。在手裡拿著鐵鎚的人眼中，世界就像一根釘子。

✦人最大的運氣不是撿到錢，而是某天你遇到了一個人，他打破了你原來的思維，提高了你的認知，進而提升你的境界，帶你走向更高的境界，這就是你人生的貴人。

✦遇到的人事物，哪怕是一句話，甚至是困境，只要能引發自己重新面對此刻的人生的勇氣，進而開始去思考下一步該怎麼走都算，這些都很有可能變成你人生非常重要的一個轉捩點。

富能量 0108

最美好的投資

36 則關鍵思維，做長期主義者，孫太從底層翻轉人生，勾勒幸福藍圖的祕訣

作　　者：孫太
責任編輯：林麗文、林靜莉
封面設計：Dinner Illustration
內文設計、排版：王氏研創藝術有限公司
特約編輯：楊心怡
部分照片：孫太

總 編 輯：林麗文
主　　編：高佩琳、賴秉薇、蕭歆儀、林宥彤
執行編輯：林靜莉
行銷總監：祝子慧
行銷經理：林彥伶

出　　版：幸福文化／遠足文化事業股份有限公司
地　　址：231 新北市新店區民權路 108-1 號 8 樓
電　　話：（02）2218-1417
傳　　真：（02）2218-8057

發　　行：遠足文化事業股份有限公司（讀書共和國出版集團）
地　　址：231 新北市新店區民權路 108-2 號 9 樓
電　　話：（02）2218-1417
傳　　真：（02）2218-1142
客服信箱：service@bookrep.com.tw
客服電話：0800-221-029
郵撥帳號：19504465
網　　址：www.bookrep.com.tw

法律顧問：華洋法律事務所 蘇文生律師
印　　製：通南彩色印刷

初版一刷：2024 年 10 月
定　　價：450 元

國家圖書館出版品預行編目 (CIP) 資料

最美好的投資 / 孫太著 . -- 初版 . -- 新北市 : 幸福文化出版社出版 : 遠足文化事業股份有限公司發行 , 2024.10
面；　公分
ISBN 978-626-7427-98-9(平裝). – –
ISBN 978-626-7532-26-3(扉頁親簽版)

1.CST: 自我實現 2.CST: 成功法
177.2　　113009500

978-626-7532-26-3（扉頁親簽版）
978-626-7427-98-9（平裝）
978-626-7427-93-4（PDF）
978-626-7427-92-7（EPUB）